U0920413

猴面包树

E N F A N T S É C U R I S É, E N F A N T H E U R E U X

童年的安全依恋

A N N E R A Y N A U D - P O S T E L

[法] 安妮 · 雷诺 · 波斯特尔 著　　张之简 译

上海三联书店

教育子女的挑战随着时代而演变。

不久前，

父母育儿的目标还建立在成功上。

父母为孩子规划职业或生活方式，

孩子要让父母感到幸福和心满意足。

今天，

父母育儿的目标更多建立在

对于幸福和充分发展的渴望上。

因此，

对于成功人生的认识，

不再是出人头地，

而是拥有自己选择的生活。

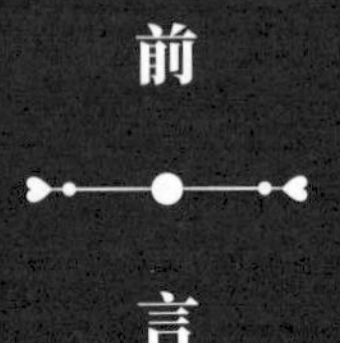

前言

本书不是一本提供教育“秘诀”的好的父母教科书，不是只需要“复制粘贴”的懒人说明书，也不是能够回答为人父母过程中一切问题的“万事一本通”！

本书是一扇敞开的可以从中看见父母职责的窗子，是我们和孩子相处过程中的指南针，是不断奋进的为人父母之路上的路标，是一封邀请信，让我们发现孩子身上的财富，这财富是超越父母的期望的。

作为父母，面对孩子的行为而不知所措时，希望得到可以应用于日常生活的具体建议，这样的要求是合理的。我在本书中给出了一些非常实用的教育态度和立场，可以在很多日常情形（睡眠、入园和入学、展现权威、就餐、家庭关系……）中发挥指导作用。

这一番开场白，绝对称不上是警告，而是希望能给你信心，不要觉得自己寻找的答案存在于自身之外。有些专业人士有能力在你非常个人化的为人父母的道路上提供帮助，得到他们的建议、“秘籍”或指导非常有必要，同时请不要忽视自己的领悟力、感受力和对子女言行的理解能力。这些能力是独一无二的，你是独一无二的，你所建立的关系同样如此。你的母亲、婆婆或岳母、已经有了孩子而且怀着极大的善意希望提供帮助的朋友、任何一位专家，没有一个人能给你唯一正确的答案。这个答案在你自己身上，更确切来说，就藏在你和孩子的关系中。

有时候，我们感到必须进行一场“找字游戏”，才能发现通往更加平静、和谐和融洽的亲子关系的道路。我们透彻地理解共同情绪的能力也不知道哪里去了。这一切都是正常的，我们的情感世界在与孩子的相处过程中经历着一场全面的动荡。我们仿佛失去一切辨别力，与此同时，一个细小的声音在对我们说，我们经历的这些时刻是非比寻常的，没有人能够理解我们。真实的自我扎下根来，它必须抵抗外界的目光，即使外界似乎不理解这种在我们内心日益膨胀的隐秘感觉。

在心理学术语中，我们在这一阶段要专心于发现和启动“自反机能”，着力探索中庸之道：

◉ 它不会给你“现成”的解决方案，但是它适用于每个孩子，让你以不变应万变。

◉ 它会提供一些实用的建议，告诉你如何应对孩子的愤怒、逆反和软磨硬泡，如何面对孩子的慌乱和悲伤。

◉ 它促使你提出自己的方案，在孩子和你之间产生共鸣。

◉ 它依赖不断更新的对孩子的发展和需求的认识，并把这些认识和你本人的经历融为一体。

◉ 它促使你通过孩子的视角，发现自我人格中的处女地。

上述提醒对我本人而言至关重要，是我为众多家庭提供专业服务的依据。在为人父母的道路上，只有保持谦逊和谢绝评判，才能成为负责且乐在其中的父母。

目录

第一篇

在当今做父母

第二篇

真正
面对问题时，
父母应该怎么做？

汤姆作为孩子，瓦妮莎、埃里克作为父母，他们需要更多的时间一起学习、适应和成长。这个时期是独一无二的，绝没有可能重新来过。虽然孩子成长的每个时期都有不同的色彩，但是宝宝迈出的第一步和他们的共同惊喜，注定是永存于心的财富。

他们当然关心女儿的需求，确认女儿有没有饥饿、寒冷、病痛等。然而，他们现在可以不再以成年人的想法去揣度孩子的感受，他们更懂得怎样调动自己的能力去安抚卡皮西纳。

要想让孩子凭借自身的能力承受住生活的风雨，就必须让他在依恋对象的陪伴下学习和经历那些“不如意”，让他感悟到他能够坚持下来，甚至从中受益。与父母的分离也是其中一部分。

孩子受制于周围环境，他们似乎没有什么办法影响环境。因此，他们有时候显得十分痛苦，这是正常的。看到他们的慌乱，大人无须过于担心。

社会发生巨变，束缚感和不安感包裹着我们，成年人的感受被生活现状搅得天翻地覆。在这样的时期，一如既往地履行父母的职责，是一场神圣的挑战。对儿童发展的认识，尤其是依恋理论，有力地支撑着父母度过这些人生阶段。

第一篇

在当今做父母

如今，孤独成为我们的一种生活方式。单身、家庭解体、身体上和社交上的疏远、新冠肺炎疫情使全世界进入隔离状态，如此种种，使我们感到孤单和被抛弃。同时虚拟连接入侵我们的生活，这真是怪现象！很多父母都感觉到了孤独并且表达了这种孤独感……曾几何时，当父母感到疲惫时，老祖母会默默地细心照料全家人，她仁慈的面容、低调的身影已经渐渐远去。老祖母的帮助曾经让父母们偶尔拥有一个放松的夜晚，现在他们却面临着一桩头疼事，就是寻找一个合格的临时保姆，可以把孩子放心地交给她，让夫妻俩躲得远远地去享受二人世界。

1. 对出色表现的崇拜

新的十年开始了，我们面临众多挑战：生态环境、健康卫生、经济和政治……孩子们要求我们有更多的认识：像格蕾塔·通贝里（Greta Thunberg）这样的孩子呼吁我们关心地球的健康，有的孩子通过自己遭受的苦难表明，我们的体制已经无法与其职能相匹配。

几十年前，科幻作品曾经预言变种人的存在，而今天的某些科研成果[1]与其不谋而合，向我们描述了孩子们的变化：他们积极参与道德事务且互相合作，而不是互相竞争。他们不理解我们的选择、态度和筹划。他们受到一些流行风气的影响：以自我为中心、早熟、躁动不安或者存在某些机能障碍。我们试图把他们分门别类甚至归入病例，以便更好地施以援手。我们过于频繁地给他们套上机能障碍的帽子，以免他们摧毁我们的体制。说到底，我们是在持续伤害他们。

我们当然很关心他们和他们的精神健康，渴望他们生活幸福、健康发展和实现自我，我们有时候甚至把自己因为时代条件所限而未曾实现的人生理想寄托在他们身上。

---

1 Jean-Paul Gaillard, *Enfants et adolescents en mutation. Mode d'emploi pour les parents, éducateurs, enseignants et thérapeutes*, ESF Éditeur, 2014.

因此，我们把自己错过的一切奉献给他们，期望他们抓住机遇，不重蹈我们的覆辙。但是，我们的期望与他们的需要并不十分吻合，于是彼此之间产生了不理解。

是的，孩子们是来让我们不得安生的。孩子们的行为和言语有时候使我们感到不舒服，甚至心生厌恶、烦恼不已，他们似乎让我们的生活一团糟。他们早上慢吞吞，上学的时候躁动不安、惹是生非，不愿意乖乖听话，父母们失去了权威，甚至自由……我们有时候甚至觉得他们是故意来添乱的！

于是，我们行动起来，怀着自认为对孩子的一番好心，积极寻找可以依样画葫芦的答案和办法。我们是这样想的：

“一定存在这样的教科书，可以让我更好地理解这个不停地打击我的信念、破坏我的生活方式的孩子！然而，我曾经期盼他[1]的出生，期望与他和谐愉快地生活；我曾经想象一个融洽相处、亲密无间的画面。现实却往往与梦想大相径庭……与此同时，我还得表现出作为父母的快乐幸福，表现出对这个美妙小生命的到来的喜悦。在他出生后，我不能沮丧失落，要尽心尽力地抚育教导。我想表现

1　为使行文流畅，在文中不区分男女的情况下通用“他”来指代两性。——译者注

得无可指摘。无论在工作还是生活中，我感到自己必须而且应该，在他人面前把自己的能力发挥到极致。结果令人期待：工作上堪为模范；物质条件优越；孩子既优秀又听话，在幼儿园里很适应，在学校里认真听课、成绩优异，从早到晚对大人言听计从……"

这番想象可能看起来充满讽刺，却反映了我身为精神科医生和"父母学院"[1]导师每天真实的遭遇。我时常发现，孩子和父母迷失在追求优异表现的迷宫里。

世界上没有超级英雄和完美父母，只有相逢的奥秘——两个在人生中相遇并相伴而行的人共同成长的故事。新的路标——儿童发展心理学、情感和社会神经科学、依恋理论〔参见拙作《儿童的情绪安全感》(*La Sécuritéémotionnellede l'enfant*, Marabout, 2019)〕、积极或善意的教养理论等，指明了这条通往他者和自我的发现之路，诸多途径昭示了孩子多么需要我们更加敏锐和密切地关注他们的发展轨迹。

2. 成为父母："这很严重吗，医生？"

"我生病了吗，医生？我相信这是与生俱来的，当我

1　http://institut-parentalite.fr/

的孩子出生以后，症状便显而易见。寻求帮助最终是要承认我是不合格的，是一个‘坏父母’。这真是丢人，别人会怎么评价我？别人似乎都很轻松。他们的孩子都很开心，脸上洋溢着快乐的笑容，我的孩子却令人生厌！不行，我们要自己解决问题！”

面对一个永远处于变化之中的社会

我们的社会不停地变化，我们遭遇的各种经济上或健康上的危机，影响了我们的生活及做父母的方式。压力日益增加，不安全感滋生出来，抵御这种影响的空间十分狭小。

“精神负担”这个说法出现在我们的词汇表中，就是为了表达这种高度警觉——我们不得不时刻考虑要应对什么以及如何应对，而这往往使我们忘记已经取得的成功。这就如同，我们时常忽视要对自己更加宽容，忘记每天晚上一定要庆祝自己完成这么多任务、做出这么多积极的行为，只记得苛责自己还有很多悬而未决的事情，并且惶惶不安地把它们加入自己的任务清单。

还有就是，时间仿佛比过去流逝得更快了。我们和时间展开一场赛跑。我们要不停地加快步伐，因为我们又落后了！一切都在加速，我们承担不起停下等待的代价，我们没有时间！与此同时，我们的孩子却从容不迫。他们真是幸运……但是，我们没有时间停下来等他们，而是拨快了他们的时间。

他们不理解我们要做的这些事情！从早到晚，各种束缚限制层出不穷。这些职责义务悄悄改变了我们的生活，让我们产生各种不满。

孩子是上天赐予我们的礼物，我们要在他们身上花费时间，要陪伴他们。你知道，当你看到小宝宝如此专注地望向你时，在数秒之中，时间仿佛停止了，就像是我们在做瑜伽或冥想时所追求的那种感觉。孩子们拥有这样的能力，可以让我们远离压力。但是，我们不愿沉浸于此，我们竭力避免屈服于小天使们的魅力，因为我们的闲暇时光太少了。

如今，孤独成为我们的一种生活方式。单身、家庭解体、身体上和社交上的疏远、新冠肺炎疫情使全世界进入隔离状态，如此种种，使我们感到孤单和被抛弃。同时虚拟连接入侵我们的生活，这真是怪现象！很多父母都感觉到了孤独并且表达了这种孤独感……曾几何时，当父母感到疲惫时，老祖母会默默地细心照料全家人，她慈祥的面容、低调的身影已经渐渐远去。老祖母的帮助曾经让父母们偶尔拥有一个放松的夜晚，现在他们却面临着一桩头疼事，就是寻找一个合格的临时保姆，可以把孩子放心地交给她，让夫妻俩躲得远远地去享受二人世界。

在我们的家庭中，夫妻之间、父母与孩子之间——最终也是和我们自己——如何维持关系，这是我们人生的关键问题。神经科学已经表明，我们是社会性的存在。关于“社会大脑”研究告诉我们，我们在本质上互相连接。维持这种联系，是我们在这个变动不居的社会中的一笔需要保护的财富。

对孩子要尽早采取预防措施

所有上述因素导致今天的父母们生活得更加痛苦不堪。我们有着各种忧虑，它们已经渗入我们的父母角色之中。当然，成为父母不是一种疾病，哪怕不理解很快出现于父母和孩子之间，乃至家庭、学校和孩子之间。任由困难产生会造成痛苦，而痛苦又将逐渐成为更明显的困难的温床。

那么，为什么还在驻足观望？为什么眼睁睁看着苦恼出现？

及早介入、呵护依恋关系的形成，对于父母教养孩子而言是切中肯綮的。向父母们普及这项新的职责，同时避免越俎代庖和妄加评判，目的是帮助他们了解孩子的需求，指导孩子的发展，使孩子获得充分而和谐的成长。这就是促进健康和早期介入的主要目标，也是专业医务工作者和辅助医疗人员所要努力的领域。世界卫生组织（WHO）认为，健康就是体质、精神和社交方面的全面良好状态，不仅仅是没有疾病和残疾，它最早形成于出生之后的几年间。因此，我要再问一次：为什么还在驻足观望？

3. 教育今日的孩子

对教育的再思考

教育子女的挑战随着时代而演变。不久前，父母育儿的目标还建立在成功上。父母为孩子规划职业或生活方式，孩子要让父母感到幸福和心满意足。今天，父母育儿的目标更多建立在对于幸福和充分发展的渴望上。因此，对于成功人生的认识，不再是出人头地，而是拥有自己选择的生活。

个人发展的概念出现在儿童教育领域。为了向儿童提供各种资源，帮助他们掌握自身机能和释放他们的各种潜能，我们必须对教育进行再思考。然而，怎样在日常生活中贯彻这一教育理念?

为了回应这一期待，很多工具被推荐给父母和专业人士，一个蓬勃发展的市场也应运而生。家长对孩子怀有忧虑，而且他们当中很多人拥有难以愈合的童年创伤，希望给予孩子不一样的教育。这样的想法是合理的。然而，如今很多家长面对诸多建议感到无所适从。

怎样形成一个对孩子有益的想法呢？怎样打造属于自己的父母观——既照顾孩子的性格，也尊重家庭的传统？抛弃旧日的教育模式，认为它们已经毫无价值，这很容易吗？这又意味着什么呢？要进行怎样的改变？在孩子出生之后，开启各种可能性，无拘无束地思考，拒绝沮丧挫折，考虑今后可能招致怎样的痛苦，成为父母们的新目标。

孩子拥有自己的思想和感觉

在会见这些迷茫的父母时，我感到当今社会在寻求一种平衡。

过去很长时间，社会上流行那种严重忽视孩子的教育态度，这就是我们感到痛苦的原因。实际上，不久之前，人们还认为孩子是不会感到难过的，他们的神经并未成熟到足以感受痛苦的程度。今天，在教育儿童的过程中，人们终于开始考虑这方面问题了。

近来获得的新认知以及以弗朗索瓦兹·多尔多（Françoise Dolto）为代表的著述者对大众所做的普及工作，使我们认识到儿童也是完全的人，他们需要尊重，他们拥有自己的思想和感觉。相比于遵循过去的教育模式，我们更应该给予孩子更多关注。

如今，我们终于认识到，孩子本能地知道对他们来说什么是好的，因此我们要对孩子有信心，相信他们能够发现自己的道路，不要把他们控制在我们的想法中。教育有了一副新面貌，旧有模式被打破了，权威、饮食、学习、发展等都有了新的色彩。不过，在日常生活中，推广新方式不会一帆风顺。家长们只接受过旧版本的式样，却要把这些新目标融入自己的教育理想中，他们不禁扪心自问：如何做今日的父母？

找寻一种教育模式

在孩子出生后的几个月内，甚至出生之前，一些问题就开始纠缠父母们：采取什么分娩方式，要不要母乳喂养，如何布置房间，要不要陪孩子睡觉，多大开始给孩子添加辅食……孩子成长的每个阶段都需要父母不断进行思考和调整。在这一过程中，父母和孩子通过新的途径，共同发现和探索出崭新的教育模式。

当然，我无意于为每个问题提供确切的答案。我认为，必须足够谦逊才能构建这样的教育进程。找到一条能够与自己的目标和深切愿望对应的道路，是每个人应该付出的努力。

我愿意与大家共享多年来我作为精神科医生协助众多家庭的经验。我和那些家庭相伴而行，共同经历一切改变，并亲眼见证了这些颠覆性教育方式的某些结果。你或许认为，我只接触处于困难中的家庭，因此我的视角会有些偏颇，我的分析不够全面。这样想无疑是正确的。但是我相信，每一份经验都值得学习，而且一些家庭遭遇的困难可以照亮我们前进的道路。

我把这些观察和最新的科学知识联系起来，科学的新知透露了很多关键信息。情感与社会神经科学以及依恋理论为我们指明了道路，开启了我们正在摸索的新的教育模式。

4. 依恋理论、情感与社会神经科学

1943年，儿童精神病学家利奥·坎纳（Leo Kanner）首次写下对儿童自闭症的观察，不再视之为“虚弱”或“愚

蠢”——在此之前，被用来描述此类儿童的只有这些词语。自此以后，对儿童发展的认识呈现爆发式增长。参与战后那场著名的开智运动的学者有很多，这里仅列出一部分：安娜·弗洛伊德（Anna Freud）、勒内·斯皮茨（René Spitz）、艾米·皮克勒（Emmi Pikler）、托马斯·贝里·布雷泽尔顿（Thomas Berry Brazelton）、塞尔日·莱博维奇（Serge Lebovici）、约翰·波尔比（John Bowlby）、玛丽亚姆·大卫（Myriam David）、让·皮亚杰（Jean Piaget）……他们提出了看待儿童的新视角，也为我们准备了理解儿童的工具。如今，情感与社会神经科学研究进一步完善了先贤的努力成果，继起者为卡特琳娜·葛甘（Catherine Gueguen）博士，还有弗兰斯·德瓦尔（Frans de Waal）、科尔文·特雷瓦尔森（Colwyn Trevarthen）和让·德塞蒂（Jean Decety）……

预防胜过治疗

美国儿科学家托马斯·贝里·布雷泽尔顿说过：“婴儿也是人。”英国儿科学家及精神分析学家唐纳德·伍兹·温尼科特（Donald Woods Winnicott）也说过：“孩子无法独自生存。”这些观念颠覆了我们对婴儿和儿童的看法。

认识的不断丰富，持续改变着我们的育儿观。这个敏感而重要的人生时期，塑造孩子的个性，关乎其未来的发展，如今成为我们公共健康政策的核心（见《最初一千天报告》[1]）。健康经济学家也拥护这种观点。2000年诺贝尔经济学奖获得者詹姆斯·赫克曼（James J. Heckman）鼓励向婴幼儿投资："从经济角度看，预防人的发展问题比努力治愈更加有效……早期介入比后期介入更加有利可图。"[2]健康的收益性概念可能使一些人感到震惊。然而，我们虽然拥有相关能力、知识，也掌握合适的科学工具，可以对儿童发展进行早期介入以塑造其和谐的人格，我们却仍旧等到障碍和痛苦出现之后才运用这些干预手段，这种景象令人感慨。

依恋理论

有一种理论给上述反思提供了恰当的支撑，这就是依恋理论。这一理论由精神病学家、精神分析学家约翰·鲍尔比（John Bowlby）在1958年提出，它将由康拉德·劳伦兹（Konrad Lorenz）和哈利·哈洛（Harry Harlow）的动物行为学研究[3]所丰富的心理动力理论[4]和某种人类功能系统观之间建立起联系。

这一理论着眼于个人的生物—心理社会属性，提供了

1 https://solidarites-sante.gouv.fr/IMG/pdf/rapport-1000-premiers-jours.pdf

2 In *Encyclopédie sur le développement des jeunes enfants*. http://www.enfant-encyclopedie.com/

3 对自然环境中（动物和人类）行为的科学研究。

4 该理论的建立基础为心理分析理论，尤其是对自我无意识过程的认识。

对个人融入社会和个人与环境互动的独特理解，对个人与他人关系中所内含的行为进行了阐释。虽然这一理论往往被局限在儿童—父母的关系上，但实际上它的应用领域十分广泛。

这一理论同样可以对成年人精神病学、救助关系、儿童保护、（企业或其他组织内）社会关系乃至高龄人士的照护等领域有所启发。

因为易于入门，这一理论的复杂性往往被忽视。在我看来，依恋理论正是因为其复杂性而拥有丰足的财富：

——作为父母，通过对系统化人际关系模式的理解，找到我们处理人际关系的正确态度，让这一理论为自己所用。

——作为专业人士，在对家庭进行帮助时，针对被援助者或共处者的态度、话语和行为，从这一理论中找寻破译上述信息的关键。

因此，依恋理论构成一个共同的基础，使我们在此基础上进行的实践和指导具有一致性。

▶理论要点和指导思路

下面归纳的理论要点适用于当今教育中的早期干预和

照顾儿童的需要，我们应避免陷入千篇一律的行事状态或将其当作唯一正确的解释，而是把它看作某种一般理解，从中找寻可以借鉴的指导思路。

我们从中获知了什么呢？

◉ 为了塑造我们的人格，我们需要与被视为更加强大和拥有更高智慧[1]的人建立依恋关系，他会在我们面临威胁或危险时对我们施以保护和支持。

◉ 这些关系成为更持久的情感关系的一部分，回应了对我们而言基本而必需的情感安全需求[2]。

◉ 我们在童年时期从父母（或其他依恋对象）那里得到的回应，将构成我们的自我形象和他人形象。

◉ 我们如果能够获得内在安全感，就将拥有探索世界、发展我们的好奇心和各种能力的资本和可能性。

因此，为了实现和谐而充分的发展、探索世界和发现周围，小宝宝需要知道他可以依赖自己的依恋对象，在面临威胁时能够从依恋对象那里得到保护和支持。

谈到产生威胁的事物……自他初入人世，就感受得到声响、寒冷、光亮和饥饿。出生几个月后，他需要面对新的环境、新的面孔、分离和未知世界（托儿所、学校、保姆……）。

---

1 John Bowlby, *Attachement et perte. L'attachement* (t. i), PUF, 1978.

2 Anne Raynaud, *La Sécurité émotionnelle de l'enfant*, Marabout, 2019.

这些都是日常生活中的重要事件，需要他努力适应。我们成年人不一定能意识到他正面临这些事件的威胁，因为这些事件在我们看来微不足道。因此，请务必牢记要把我们自己代入孩子的身份，要了解到他有时会感到自己身处于丛林或科幻电影中。

▶每架飞机都需要“航空母舰”

我们可以将孩子们比作一架架“小飞机”，将他们的成长看作离开“航空母舰”去探索世界。如果遇到危险，他们会返回安全基地，也就是“航空母舰”的甲板上，充分享受对他们来说至关重要的安全感。

这艘大船给予他们：

- 对自己和别人的信任；
- 探索世界的能量；
- 对自身资源和内在财富的认识。

“小飞机”和“航空母舰”之间的关系，就是依恋关系。这种关系让“小飞机”得以在需要支持和保护的时候靠近自己的“航空母舰”。“航空母舰”向他提供安全的港湾，在他的情绪因威胁而失衡时，他可以有所凭靠。“航空母舰”不会对他妄加评判，在收留他时一并接纳他的情绪和担忧。

如果“小飞机”在其周围发现“航空母舰”的存在，

而且可靠地提供给他不可或缺的支持，那么他将能够展翅翱翔，去探索世界，在即将展开的人生旅途中茁壮成长。当孩子流露出自己的渴望时，我们正是怀着这样的梦想：为小家伙创造他所需要的环境，给他创造各种机会，使他的人生既绚烂多姿又脚踏实地。

▶关注、亲近和可靠

我们无法在每一件让他们感到痛苦的事件中保护他们，我们毕竟不是生活在童话王国！我们无法阻挡生活中注定要遭遇的一切风险，然而我们可以借助自己的内在财富、自己能够依靠的周围援助来渡过难关。

我们的“小飞机”对“航空母舰”抱有期待，无论是主要的依恋对象，如亲生父母或养父母，还是次要的依恋对象，如保姆、托儿所老师、家里其他的依赖对象、家庭育儿师、班主任或照护老师。

他们需要亲身体验到我们对他们遭遇的恐惧和威胁感同身受，这样他们才能够躲藏在我们的臂弯里，感受“航空母舰”的亲近，才能够使情绪恢复平稳，再度飞翔探索。

这是一种良性循环。在“航空母舰”上的起起落落，使孩子们在人生最初的几年间体会到这层保护关系；得益于这样的关系，他们将获得飞行的工具，从而拥有所谓的

“保护因子”，以抵御生活中的不测风云。

当“航空母舰”本身遇到危险时，孩子们所期待的关注、亲近和可靠也变得难以获得。我们成年人有自己的“航空母舰”吗？当我们不断感到健康、物质、情感或职业上受到威胁时，怎样建立安全链条呢？

▶破译遇险信号

当“小飞机”发出遇险信号，要求着舰加油时，他的信号有时候很难破译。在孩子发脾气、顶撞他人、情绪激动、咄咄逼人且充满挑衅的时候，怎么发现他实际上并不是坏孩子，只是感到害怕呢？当孩子咬人、打人、半夜不睡觉、不肯吃饭的时候，怎么明白他只有一个想法——得到自己需要的陪伴，使自己的内心得到安慰呢？

然而，我们往往对他们做出与他们的需要相反的做法——疏远他们。面对他们的哭泣、愤怒和乱发脾气，我们恶狠狠地让他们“回自己的房间”，老师命令他们“去校长室”，这样做只能让他们感觉受到更多威胁，加深他们的恐惧，刺激他们做出我们不喜欢的行为。

▶当感到不安全时

如果我们的“小飞机”发现“航空母舰”不可用，无法接近，他们会学习独自摆脱困境。他们会认为自己不能信任别人，会自立自强，依赖自己要胜过依赖别人。当困难到来时，他们可能会有深深的孤独感。

如果“小飞机”发现我们只能偶尔依靠，大部分时间因为忙碌或沉迷于其他事物（包括消息不断的电子设备）而指望不上，那么他们会不断降落在“航空母舰”的甲板上，忧虑不安地想着维护这种亲近关系，这对他们来说极为重要。不过，他们的态度往往让人感到生气，让我们更加疏远他们。

我们常常只有一种回应，那就是命令孩子不要继续纠缠不休。孩子可能让父母感到烦恼不已，因此这样的命令是可以理解的。

问题在于，“小飞机”将会大大缩小自己对周围世界的探索范围。他们的身上产生不安全感，这会影响他们和他人之间建立的关系。

有时候，“航空母舰”变得无法理解，成为“小飞机”的威胁——“你真笨，永远也做不好”“你该被教训一顿”，父母和孩子的关系中还存在许多不断重复的训斥甚至体罚。

“小飞机”因此迷失了方向，心理遭到瓦解。他失去了罗盘，他期盼的这艘能够保护自己的“航空母舰”，怎么成了一种威胁？这让他感到困惑！

▶我们的责任

作为依恋对象和“航空母舰”，我们责任重大。我们必须倾尽全力履行自己的责任。因为这份责任，我们要让自己拥有更优的方式来理解孩子，发现他们在表达自己的恐惧，更好地破译他们发出的信号。我们往往只关注孩子这座冰山露出水面的部分，不重视更重要的没于水下的部分。下面暗藏着不安和恐惧，而我们只看到好斗、对立、挑衅和躁动不安……

依恋理论建议我们潜入水下，找到这些负面态度的根源。通过调整回应方式，让“小飞机”拥有翱翔和探索的渴望，因为他们知道自己拥有协调、可预见和稳定的“航空母舰”。坚固的大船可以为他们提供支持和安慰，可以通过言语、臂膀、关注、可靠而且随时可以获得的帮助，为他们的成长和充分发展保驾护航。

■总结

如上所述，对依恋理论的理解为我们提供了破译个体行为的密码，破译的对象无论是儿童、成人、配偶还是同事，这些密码都弥足珍贵，可以使我们摆脱因为过于主观和受到个人经历的影响而错误满篇的解释。依恋理论固然无法解释人的全部行为，然而在阐释人际关系方面，它足以客观地提供切题的因素。在融会贯通的视野中，得到当前其他研究方法的补充和融入之后，无论我们在儿童身边扮演何种“航空母舰”，对依恋理论的应用都能够指导我们的日常生活。

第二篇

真正面对问题时，父母应该怎么做？

“我多想让我的宝宝幸福啊……我想保护他免于一切不幸和困难。”

有哪个父母没有这样的渴望？

日思夜想的宝宝终于出生了。与他终日相处，挑战开始了：要给他甜蜜而美好的生活，除却痛苦和烦恼。只不过，怎样才能把他安置在一个可以避免生活意外的肥皂泡里，只享受幸福呢？

汤姆爱探索世界。

卡皮西纳爱哭闹。

埃利奥特不睡觉。

艾丽斯让人抓狂。

阿蒂尔不理解父母！

他们的父母不知所措，孩子的每个成长阶段都出现一大堆问题。

我建议你跟随他们的脚步，发现孩子每个成长阶段的故事，包括睡眠、哺乳、入托、入学以及孩子人生中的其他经历。

案例一

◉

和汤姆一起
迈出作为父母的
第一步

汤姆作为孩子，瓦妮莎、埃里克作为父母，他们需要更多的时间一起学习、适应和成长。这个时期是独一无二的，绝没有可能重新来过。虽然孩子成长的每个时期都有不同的色彩，但是宝宝迈出的第一步和他们的共同惊喜，注定是永存于心的财富。

1. 面对新责任的茫然

汤姆是瓦妮莎和埃里克的第一个孩子。看到他每天的进步和展现出的活泼性格，他们感到无比欣喜。他们认真地关注着他的每一个动作和每一次模仿，像守护财宝一样守护着他。

他们希望充分地满足汤姆的需求。完成孕期学堂和父母学堂的课程后，他们决定继续学习其他课程，了解作为新父母面临的所有挑战，热切地渴望成为合格的父母。

孩子出生后的最初几个月，他们过得很不容易，甚至在瓦妮莎怀孕期间他们就有大量问题：要和孩子一起睡吗？在床边放一张婴儿床，还是和孩子在一张床上睡觉？要一起睡到什么时候？瓦妮莎的母乳喂养要持续多久？怎样安排哺乳时间？什么时候以及怎样给汤姆添加辅食？在情绪上，父母的紧张和压力会不会传导给宝宝？应该和谁谈这些问题？诸如此类。

“失控”这个词经常被用来形容新父母的感受。

对瓦妮莎来说，这种感受异常难耐。因为她有些焦虑，喜欢掌控生活中每一件事。

但是，经过长期努力才成功怀孕，这使她认识到事情不像期望的那样轻而易举。她现在工作上处于稳定期，本来认为怀孕是一件很简单的事，但是充满神秘的自然力量并未让她如愿。接下来，孕期也不是一帆风顺的，因为面临早产的危险，她不得不提前入院。躺下来被“固定在床上”，她终于低下头，承认失控了。

汤姆的出生让他们感到非常幸福，不过瓦妮莎意识到她担负了新的重任：汤姆完全依赖他们。按照在孕期和产后恢复期给她提供帮助的产科医生的话来说，这种感觉是正常而且应当的。但是，这些想法如此强烈，给她造成了严重干扰和压力，成为她严重焦虑的根源。关于自己是否有能力做母亲的问题一直困扰着她，让她如坐针毡，面对汤姆时感到手足无措。

埃里克非常支持她，肯定了她为了成为一个好母亲所做的一切努力，但她不敢相信。同时，她也无法接受母婴保护中心（PMI）在家访时提出的育儿建议。瓦妮莎总是对任何事情都疑神疑鬼，这让她感到疲惫不堪，难以忍受。她深深地感到不被理解、孤立无援。现在，汤姆已经5个月了，这种感受仍然如影随形。她付出了难以置信的精力去做各种事情，和往常一样一丝不苟。埃里克时常说她过于追求完美，但她仍是一如既往。如今，她感到无力招架，精力消耗殆尽，经常以泪洗面。虽然如此，她仍然尽量挤出一些精力来照顾汤姆。

产后抑郁症仍是说不出口的秘密

瓦妮莎的情况符合产后抑郁症的特征。大约20%的母亲[1]和10%的父亲[2]会患上产后抑郁症。它是围生期最早的并发症，之所以往往不为外人所知，是因为患者往往秘而不言，他们对此有一种羞耻感，这是很不幸的。的确，在感到做母亲的快乐的同时又有如此低落的情绪，这怎么可能呢？

瓦妮莎经常说，只不过是一阵疲惫感或一阵沮丧情绪袭来。“我斗志昂扬，一定能独自应付这种情绪。”除此之外，又能和谁说呢？埃里克似乎对此不以为然，视而不见。而且谈论这件事似乎是不合时宜的，目前最重要的是汤姆的健康，而不是母亲的健康。当所有人都忙着照顾这个漂亮的宝宝时，对母亲的关注自然要少得多。不过，瓦妮莎的产科医生成了一个认真倾听的对象，产道恢复这样

---

1 Michael W. O'Hara et Katherine L. Wisner, «Perinatal Mental Illness: Definition, Description and Aetiology», *Best Practice & Research: Clinical Obstetrics & Gynacology*, vol. 28, n° 1, janvier 2014.

2 Florence Gressier et Anne-Laure Sutter-Dallay, «La dépression périnatale paternelle», in *Accueillir les pères en périnatalité*, ouvrage sous la direction de Nine Glangeaud-Freudenthal et de Florence Gressier, Cahier Marcé n° 7, Érès, 2017, p. 173-180.

的私密时刻很适合说出一些隐情，尽管她仍然担心说出自己的焦虑会被认为是一个“坏妈妈”。面对亲生孩子无法感受深切的喜悦，这样的妈妈会让别人怎么想？这个很多人都会有的疑虑时刻侵扰着她。

应对措施

尽管作者渴望让众多感到羞耻的母亲明白她们所经历的一切，让她们知道她们并非孤军奋战，但是本书没有足够的篇幅深入探讨这个话题。

生育子女是一个发生深刻转变的阶段。环境发生变化、观念被颠覆，每个父母为了塑造完美的自己而深藏不露的那部分都暴露无遗。可以说，人的精神正在经历一个成熟期，但这个过程也伴随着混乱。这个成熟期对一些人来说可能代表着深刻改变，这使他们受到严重困扰。这个阶段不以人的意志为转移，仿佛是一波掀天巨浪让人无法抵御。直面这一阶段，遵循相关的教诲，才是正确的做法。

▶摆脱羞耻感、负罪感和孤独感

每五位女性中就有一位出现产后抑郁症状，可见这是一种常见的状况。

◉ 第一步是要克服对心理疾病的社会偏见。仍然有很多人认为心理疾病只是意志力的问题。

◉ 第二步是接受这样的事实——成为父母并非一定带来快乐和幸福。接受这一事实的过程可能伴随痛苦和悲伤。

◉ 大胆说出来：瓦妮莎勇敢地把自己的痛苦告诉了产科医生，这位专业的医生非常了解生育的特殊性，能够指导她走过这条艰难的路。“忧郁母亲”（Maman Blues©）这类机构能给面对类似考验的产妇提供更多帮助。[1]

无论是在怀孕期还是产后，围生期心理体验都没有得到社会和医疗界的重视。大家往往更关注产妇的身体问题和胎儿畸形问题，却忽视了同样重要的产妇的心理层面的问题。

瓦妮莎曾经因为找不到出路而感到绝望，当她发现自己并不孤单而且这段阴暗的日子有出路时，她第一次感到了轻松。

她渐渐学会了说出来。她和埃里克以及别的家人分享，告诉他们，她的状态与生育带来的转变有关。她比以前更容易开口求助于身边的人。他们明白了她需要休息的时间，还需要很多的鼓励。

---

1 www.maman-blues.fr. L'association a recueilli des témoignages dans un ouvrage collectif, *Tremblements de mères. La dépression post-partum, visage caché de la maternité*, Éditions L'Instant présent, 2014.

埃里克也感到了轻松，过去他试图把情况说得没有那么严重，然而也感到自己对妻子的困难束手无策。他的话从未让她受到鼓舞，仿佛他的建议和支持都是耳旁风。他对妻子的关心没有起到作用，对自己作为父亲的能力的怀疑感染了全家人。现在，他们两人一起坦白了这些痛苦，他们可以携手走过这一阶段并且获得成长。

▶寻求帮助

在大多数情况下，这些困难都会过去，只留下一段十分痛苦的辛酸回忆。然而，这种状态可能导致父母忽视孩子，或许会使孩子深受其害。因为父母对孩子在心理上的亲近会受到强烈的焦虑感的抑制，所以孩子很难和这样的父母建立亲密关系。

在我们当前的例子中，埃里克努力想去弥补，但是他也不像自己期望的那样拥有足够的时间照顾家庭。

除了通常参与其中的专业人士（产科大夫、医生等），还需要心理专家的指导。仿佛黑暗中的灯塔，想要发现通往父母体验中必不可少的内心沟通之路，父母可以向优秀的专业人士寻求帮助。当然，情绪和情感上的挑战也会非常艰巨。或许需要来自外部的阐释，这场大骚动才能显现它的意义，因为上面所描述的那些心理状态都是必须认真对待的。

■总结

我绝对无意于吓倒未来的父母，而是更想向他们传递信息，以引起他们的重视，从而给他们某种快速解决问题的答案。解决之道自然是存在的，但前提是人们必须正视问题，必须打破沉默，这是一个复杂的阶段。要敢于谈论问题，不要感到羞耻，不要害怕别人的议论。

成为幸福的母亲仿佛是热度永远不减的老生常谈，这让某些父母陷入苦海。打破沉默对他们而言是无法逾越的一个鸿沟。因此，他们需要身边的人全力关注才能做到。亲友们是父母成熟转身阶段的关键角色，要怀着善意，不要妄加评判。专业人士同样扮演着重要角色，对相关专业人士的培训有待加强。

2. 和孩子同床睡还是分床睡

自出生起，汤姆就与瓦妮莎和埃里克一起睡。这是父母的选择——和汤姆保持亲近。如此近距离地听到他嘴里发出的轻微的声响、他的呼吸声，看到他细微的动作，满足了他们对亲近感的渴望，他们知道这种亲近感对于汤姆的情绪感受而言非常重要。

因为担心孩子的人身安全，在儿科医生的协助下，他们建立起一套与孩子同睡的系统方法，保护汤姆免遭与父母同床可能发生的各种众所周知的意外状况，例如挤压、窒息、接受哺乳时猝死。

最初几个星期，这种系统的方法对他们似乎非常适用。随着汤姆渐渐长大——已经13个月大了——他占据了父母床铺的一角。他贴着瓦妮莎或埃里克睡觉，使他们整个晚上动弹不得。汤姆看起来很满足，睡得很好，但是瓦妮莎和埃里克开始意识到他们的睡眠质量变差了。他们时刻高度警觉，生怕一个转身让汤姆窒息，时刻提防着汤姆坠床或者家里的猫咪皮斯塔什爬到全家人睡觉的床上。汤姆有属于自己的房间，埃里克已经给他收拾好了，但是埃里克和瓦妮莎都不知道什么时候以及如何把儿子稳稳当当地转移过去。他对换房间会有什么感受？他在几岁的时候能够在自己的小世界里睡觉，而不会觉得茫然和被遗弃？

这些疑惑始终纠缠着瓦妮莎和埃里克，同时反映出他们深刻而真挚的为汤姆“尽量做到最好”的愿望。然而，一个问题带出另一个问题，疑惑产生更多疑惑。他们从外界得到的解答经常互相矛盾，使他们无所适从。最初几个星期，他们直觉上感到在一起睡觉对汤姆有好处，但是随着时间的推移，他们发现情况改变了。

同床还是分床，专家们莫衷一是

面对这种感觉，夫妻之间一定要学会分享和倾听，因为夫妻二人在养育子女的过程中也在进行团队塑造。夫妻二人结成的团队需要每天进行自我发现和自我实践，夜以继日地调整磨合。

瓦妮莎和埃里克并非总是很容易地互相坦白自己的感受。瓦妮莎觉得埃里克轻视她的担忧，而埃里克觉得瓦妮莎总是大惊小怪。幸好他们之间多年形成的默契帮助他们跨越了分歧，对汤姆的健康和幸福的共同关注使他们团结起来。和孩子同床睡觉的决定是两人一起做出的，这样做符合他们作为新手父母的愿望——要在孩子还小的时候让他亲近父母。他们还学习了抱孩子的技巧，增加与孩子在日间的身体接触。他们建立起自己的小天地，但是最近，这方小天地似乎出现了一些问题。

他们肯定听到过这样的批评："和宝宝一起睡觉？你

们会惯坏他的！”“你们知道唐吉的故事[1]吗？”“小心，他会一直依赖你们。”……他们也听过很多关于这个问题的相互矛盾的观点。反对者强调它对宝宝造成的身体以及心理伤害的风险，支持者则阐述这一选择的益处并且指出与之有关的文化习惯和情感因素。

专家之间的论战给瓦妮莎和埃里克造成极大困扰。他们想到，或许汤姆会帮助他们做出选择，或许汤姆会向他们发出某种信号，告诉他们是时候分床睡觉了，他们不必逼迫孩子，迫使他进行这场转变。但是，他们期盼的这个时刻并未到来。汤姆看起来非常安于与父母同床睡觉的习惯，父母的劝告并未带来任何改变。他们也在寻求建议和方法，向前来拜访的朋友问询，查询谈论相关技巧的网站和博客。

当然，他们找到了一些方法，比如“度过分床期的5-10-15方法”——最初让孩子在他的房间哭5分钟，然后是10分钟，再然后是15分钟，以渐进的方式让孩子获得自身的力量，从而能够独自睡觉。他们在互联网上发现有一些专门的机构在孩子睡觉方面对父母进行指导。汤姆在夜间反复醒来，这使他们的睡眠变得支离破碎，疲惫渐

1　法国电影《吾儿唐吉》讲述的是28岁的唐吉仍然居住在父母家中“啃老”的故事。——译者注

渐占了上风，这对生活的影响越来越大。他们饱受折磨，愿意为成功渡过这一难关而付出更多努力。

应对措施

▶通过身体亲近带给孩子安全感

几个星期到几个月大这个阶段，是宝宝对新世界的大发现时期。出母胎之后迎来的新生活，具有极强的感官刺激性，可能对宝宝造成我们无法想象的强烈威胁感。为了维持内心情绪的稳定——我们称之为“体内稳态”（homéostasie）——宝宝需要一个或多个依恋对象的身体亲近。在宝宝出生后的几周之内，为了让他充满安全感地感受大量往往引起不安甚至惊吓的新体验，唯一的办法是使他停靠在“航空母舰”的甲板上休息，只有身体接触才能带给他安慰。“航空母舰”甲板的庇护，辅助他探索新生。瓦妮莎和埃里克对汤姆的亲近，恰好与反对父母和孩子同睡的根深蒂固的观念背道而驰，这些观念认为与父母同床睡觉会使孩子变得任性和依赖。恰恰相反，父母和孩子同床，为孩子提供了他所需要的安全感，是塑造他的独立性和情绪稳定性必不可少的手段，是他人生旅途中的真正财富，这让他的心中充满安全感，以备后续使用。

放心，父母在汤姆几周大的时候选择与他肌肤亲近，不会使他将来变得任性难驯，也不会造成他的依赖性，反而会促成他的独立性，条件是把这一安排融入根据孩子的年龄而进行的持续反思和调整的过程中。举例来说，针对3岁孩子的应对措施实际上不同于针对更小的孩子，因为到了3岁，孩子可以运用其他方式获得充足的安全感。

▶相信自己

瓦妮莎和埃里克很难产生自信，他们逐渐意识到身为父母的责任，而且总是感到别人在对他们指指点点。他们了解到，最新的研究成果认为小婴儿需要父母的亲近，这使他们的做法有了依据。他们决定在宝宝出生的头几个月里采取同床睡觉的方式。他们听说过这种方式的危险和影响，便采取了一些措施防范孩子的人身安全遭遇危险（例如坠床和窒息）。他们感到很高兴，正在打造的小家庭内部非常默契，在共同体验这种亲密关系的过程中可以明显感受到家庭纽带的力量。

质疑和批评往往会破坏新建立的平衡，在孩子刚刚出生的时候，很多夫妻都遇到过这种情况。共同解锁各种新任务，抛弃争强好胜的心态，有赖于夫妻二人的团结，他们在赋予自己信心的同时，也构建了一个父母小团队。

▶与时俱进

孩子一月月长大，同床睡觉的方式变得不再恰当。这一次，瓦妮莎和埃里克仍然需要相信自己的直觉。夫妻二人需要找回属于他们自己的亲密空间。除了某些早上和汤姆的亲狎时光，他们似乎应该和汤姆分床睡了。不过，才短短几个月的时间，他们仍然认为分床对汤姆来说太突然了，他们愿意继续等待。

依恋理论认为，对安全感的需求在孩子出生后的几个月内是通过身体接触实现的，随着孩子的心理动力的发展，这种需求将发生转变。因此，孩子能够自主移动以后，比如四肢爬动，他就具有了主动停靠“航空母舰”的能力，可以自主调整情绪。身体接触不再是获得安全感的唯一途径，身体的接近——而不是接触——就可以使他获得满足。

▶帮助汤姆发现自身潜力

他们的感觉很准确，汤姆不应该再睡在父母的床上，这张床应该恢复为夫妻二人的空间。不过，汤姆需要父母的帮助才能发现自己的新能力。他只不过在以一种舒服省事的方式，获得让自己充分满足的身体接触，在这样的情况下，汤姆为什么要质疑这种关系模式呢？

父母有责任帮助汤姆发现这一转变阶段，不要强迫他或使他感到不舒服，而是让他发现自身处于一个能力仍未得到探索的阶段。瓦妮莎和埃里克要启动这个成长阶段。

这个阶段是一个渐进过程，在这一阶段里汤姆将保留关于“航空母舰”的信息——这艘“航空母舰”是他永远可以依靠的，就在他的近旁，随时欢迎他的到来。

需要在父母的房间放置一张床，要明显有别于父母的床。同时，父母也可以使用汤姆的房间，或是午睡，或是玩一会儿游戏。在最初几夜，汤姆当然会恳求与父母同睡，但是帮助孩子发现新阶段的坚定决心，使他们不会答应这样的要求。要是父母一开始就妥协，就会使汤姆心存幻想，以后会不断提出类似的要求，如此下去，父母和孩子之间会开始扯皮，父母的耐心被消磨，导致前功尽弃。

在一开始，孩子当然会在夜间多次醒来。对汤姆说一些关心和鼓励的话语，同时避免和他发生身体接触，会渐渐让他能够独自入睡。

汤姆在夜间安稳下来后，瓦妮莎和埃里克可以进入关键阶段——让汤姆在自己的房间睡觉。和其他阶段一样，由瓦妮莎和埃里克来启动这一新阶段。

父母的自信仍然非常重要。出于对渐进性的重视，同时为了给予汤姆他所需要的亲近和陪伴，这个阶段绝不是一次创伤，而是一项馈赠——他们帮助汤姆发现自己的潜能。这恰是他们想要履行的父母职责，关心孩子的需求，同时引导他发挥潜力。

☞**小贴士**

其他与睡眠有关的问题，请参阅案例三有关埃利奥特的内容。

■总结

初为父母的尝试怯生生地开始于产前阶段，随着与孩子共享时刻的到来而展开另一维度，孩子出生后的最初一段时间，父母们有机会发现为人父母的真相，实现曾经的梦想。

在曾经的期待和现实情况之间，存在落差甚至截然不同是完全正常的。如果两者没有区别，甚至会让人感到不安。

一切可能的准备都无法预见现实的变幻莫测，也无法预见孩子的独一无二。父母也将发现自身人格中隐藏的一面，因为此前他们从未遇见过这样的情况。

他们要迎接这场全新体验的洗礼，和别人分享，倾听建议，相信自己，有时候还要懂得寻求帮助……

“闻所未闻”“出乎意料”“发人深省”，是关于这场父母发现之旅的常见形容词。

3. 要不要母乳喂养

瓦妮莎和埃里克在养育孩子的计划中把母乳喂养当作重中之重。瓦妮莎要给汤姆最好的照顾，为母乳喂养做好了准备，并且在孩子出生后一直坚持。在妇产科团队的帮助下，她进行了最初几次哺乳，虽然过程算不上非常顺利，但是慢慢找到了自己的哺乳节奏。这些亲子时刻让她感到不可思议。在各种焦虑中，她看到至少在母乳喂养上自己可以满足宝宝的基本需求，这对她是极大的安慰，虽然汤姆在开始的几天体重增长得十分缓慢，这让她一度非常担心宝宝营养不良。宝宝要吃奶，不吃奶不能活，这是她作为母亲的首要职责。

接着，汤姆和母亲互相认识。他们两个彼此适应了。瓦妮莎状态越来越好，她感到自己能够更好地满足孩子的需求。母乳喂养的时候成为愉悦、亲密和融洽的时刻。

汤姆现在已经15个月大了。瓦妮莎选择让他自主决定什么时候吃奶。汤姆在夜里要求哺乳，造成夜间频繁醒来。夜间母乳喂养时间往往很短，但是具有足够的安慰性，使汤姆在两个周期之间很快入睡。这种情况使得瓦妮莎和宝宝同床睡觉成为一种方便的选择，对她来说也不累。她已经确定了停止哺乳的日期，但是由于害怕失去和儿子的亲密接触而不断推迟这个时间。然而，她已经感到无以为继，埃里克对妻子表现出极大的体谅，同时也不断向她提起这个问题。

母乳还是奶粉，选择往往取决于外界

对瓦妮莎和埃里克来说，母乳喂养是某种证明和共同心愿。他们了解了很多关于这个话题的信息，非常清楚母乳喂养对汤姆及母亲的好处。埃里克接受了母乳喂养，而且迅即参与进来，提供力所能及的支持。他负责给汤姆换尿片、洗澡，保持和孩子的亲近。当母乳喂养遇到困难，比如瓦妮莎出现乳腺炎[1]时，他会为瓦妮莎提供必要的支持。他很清楚汤姆和瓦妮莎之间达成的默契及其重要性。但是时间一点点过去，汤姆一哭就要吃奶才能安静下来。这样做虽然奏效，但是类似情况越来越频繁，就像条件反射一样，只有吃奶才能让孩子恢复平静。埃里克感到无能为力，他无法满足孩子的这种特殊需要。

现在，瓦妮莎逐渐感到疲惫和厌倦，无法满足汤姆无止境的需求。她发现孩子的需求不在进食上，而是一种无意识行为，在感觉受到威胁时会依靠吃奶行为寻求安全或

1　哺乳期常见的乳腺组织发炎。

疲倦时辅以吃奶行为会更容易入眠。他甚至扑到母亲的怀里，掀开她的衣服“自助取餐”。

该怎么面对汤姆？瓦妮莎感到进退两难：一方面，她很高兴孩子如此信赖和需要她，这让她变得更加自信；另一方面，她越来越不高兴，用她的话来说，孩子是“自己接上水管”，但她不是任何时候都很方便。这种矛盾心态使她很难受。

她感到自己已经厌倦给汤姆哺乳了，而她又知道母乳喂养对孩子是有好处的，所以她再次感到自己是一个不合格的妈妈。况且，她曾经很爱哺乳，这是自己履行母亲职责的方式。一般情况下，埃里克负责陪汤姆玩耍，瓦妮莎则把更多的时间花在照护孩子和整理家务（如清洁卫生、洗衣服等）上，以便让汤姆的生活更有序。

瓦妮莎时常考虑应该在什么时候以及如何给汤姆断奶。她寻求了一些建议，然而和针对睡眠的建议一样，各方的指导互相矛盾。送汤姆入托之后，她开始调整哺乳安排。这样的调整并非易事。汤姆抗拒奶瓶，就算她挤奶也无济于事。她担心减少或停止哺乳会让孩子感到难受。他会不会有一种被抛弃感？这种独享的关系会如何发展？她看过一些资料，说是哺乳有助于产生依恋。如果她不再喂奶，汤姆怎样感受她带来的安全感呢？

应对措施

▶相信自己

父母探索之旅——一场独特和个性化的探索——的关键之一，就是正确理解它对于每个家庭和每个孩子来说都是独一无二的。普遍适用的建议当然存在，但是汤姆、瓦妮莎和埃里克的情况与任何人都不一样。

瓦妮莎和埃里克共同做出母乳喂养的决定。这一过程中既有顺利也有不顺利，他们共同承受着这个决定带来的后果。现在，他们都感到接近下一个新阶段了。这种感觉很难让人明白，但对于他们所要采取的措施而言非常关键。其实他们不需要因为感到疲倦而产生负罪感，哺乳安排并没有一个必须完全遵守的时间期限。就如同他们的朋友，有的人只哺乳了几个星期，有的人打算哺乳更长时间。

他们的情绪感受让他们意识到，现在是时候过渡到哺乳的另一阶段了。在引领他们完成父母责任的精神状态之中，这一选择起到重要作用。强迫之下无法达成默契。只是因为对汤姆有好处而勉强继续哺乳，对于汤姆和亲子关系都不会有好处。

▶发展哺乳之外的关系

母乳喂养不是构建亲子关系和依恋纽带的唯一方法。他们的朋友阿加特和阿蒂尔没有选择母乳喂养。阿加特并不觉得和女儿夏洛特之间存在这样的私密关系，哺乳让她拘谨不安。虽然母乳喂养在今天受到社会的赞誉，但是袒胸露乳仍然让她感到非常害臊，破坏了她的自我形象。

经过无数的自责之后，阿加特看到自己和夏洛特之间建立起亲密关系从而倍感欣慰。她经常把宝宝裹在长巾里抱在怀中，后来，在哄睡的时候夏洛特很喜欢蜷缩在妈妈的身旁，听妈妈哼唱轻柔的旋律。这简直太美好了。阿蒂尔也找到了在自己和女儿之间建立亲密关系的方法。

依恋理论认为，孩子为了感受到对于成长至关重要的安全感，在最初几个星期需要亲近和身体接触。当然，哺乳对孩子极有好处。哺乳过程中的吮吸和泌乳，是孩子安全感的来源。但是，要想告知孩子“航空母舰”可以利用和抵达，哺乳并非唯一的方式。肌肤接触和敞开怀抱也是对孩子安全感需求的回应。

正是在这一背景下并且考虑到各种益处，母乳喂养得到提倡。然而，如果要获得哺乳的好处，母亲必须积极主动地进行哺乳，而不是为了孩子勉强为之。哺乳的心理层面问题如今已经为人熟知。生理和心理上的压力会表现为对哺乳的抗拒，暗中影响亲子关系。

这些问题可能使夫妻之间产生隔阂，在个人和小家庭的震荡时期，可能很快造成两人离心离德，因此必须要共同面对和分担。

▶按需哺乳

瓦妮莎从一开始就选择为汤姆按需哺乳，她从未怀疑这样做有什么问题。在很多个星期之内，汤姆没有受到任何限制，不管是因为饥饿还是需要安慰，他每次有需求都能得到哺乳。母亲的回应使汤姆感到安全，状态稳定，这为他的成长打下坚实基础。瓦妮莎很喜欢晚上哺乳，这些时候，母子互相凝视，不需要只言片语而自然心有灵犀。

瓦妮莎和埃里克共同做出母乳喂养的决定，现在又都希望调整哺乳安排。

在儿科医生的帮助下，瓦妮莎着手重新安排哺乳时间。她希望维持母乳的营养优势，增强汤姆的免疫力，同时也保留一些融洽时光。这个想法也符合汤姆的需求变化，15个月大的孩子可以调动自身的新能力来获得安慰，而不必通过吃奶的方式。持续哺乳，让他无法发现自己的能力。通过这一决定，瓦妮莎引导孩子拥有更加自主的意识。仅此一点，瓦妮莎就足以下定决心，更何况她笃定这一决定是正确和有根据的。

因此，她坚定而且信心十足地把这一决定告诉了汤姆，并决定调整哺乳时间。她害怕从晚上开始调整会更感到焦虑，所以她决定从白天开始调整。她坚持早上进行一次哺乳，晚上进行“愉悦性”哺乳，以此作为母子之间独享的亲昵时刻。

如果汤姆白天要求更多母乳，她会让孩子抚摸。她乐意接受这种触摸，但是拒绝吮吸。汤姆当然会有一点不满，但是比她预想的要好得多。她和汤姆的关系变得越来越和谐。他一如既往地亲近她，但是因为他的要求得不到满足而产生的怒气大为减少，她的拒绝也相应减少。夫妻之间找回了汤姆出生前的那种亲密。不过这次也不例外，如果没有一段转变期，真正的改变是不可能发生的。

一旦取得日间稳定，瓦妮莎决定不再给汤姆夜间哺乳。汤姆的要求次数大大减少，不过在为数不多的夜醒时刻，他会迫不及待地恳求瓦妮莎。父母决定用另一种方式回应在夜间醒来的汤姆。埃里克承担了这一责任，扮演汤姆的安慰者角色。在汤姆眼中，他肯定比不上瓦妮莎，不过几个晚上过去，多次这样对汤姆进行安抚后，汤姆逐渐可以自己入睡了。

几个星期后，情况稳定下来。汤姆变得更加独立，知道如何运用自身能力来控制情绪，不再请求喂奶。父母也看到孩子在这一时期变得更加自主，并探索了一些新的活动。整个小家庭对于这些进步和平静的氛围都感到非常骄傲。

■总结

在哺乳问题上始终存在各种观点，它们有时甚至是对立的。在此，我的意见是，每位父母都应该学会反向思考。

不去想“应该怎么做”，而是扪心自问“我自己有怎样的感受”；不去思考“我会怎么设想”，而是思考“我会有怎样的体验”。

这种做法可能会被一些人认为是自私的，它不是去迎合孩子的需求，而是促使父母在自己的感受和孩子的安全需求之间建立一种平衡。这一平衡对于提升儿童照护者的素质至关重要，孩子期待着父母的关注和回应。要做到感同身受、易于亲近和随时待命，父母必然要避免自身感受威胁，而且要在自己的依恋体系中激活这些素质。如果对于母乳喂养的感受是痛苦的和被迫的，那么就会对父母的职责形成挑战，哺乳只会适得其反。不断考察微妙的平衡，这就是为人父母的全部艺术。

4. 怎么看护孩子？

怀孕期间，瓦妮莎就开始思考最理想的看护方式是怎样的。儿童看护资源非常有限，有人建议他们提前进行筹备。

把自己的宝贝孩子托付给谁？在远离父母的几个小时里，他要信任谁？什么时候把孩子托付给别人？选择集体照护还是请保姆？

瓦妮莎和埃里克还没有见过他们的小可爱，要想弄明白这些问题可不容易。社会条件的限制似乎让他们为人父母的路途变得有些不顺畅。

他们认为托儿所更加适合孩子，因为托儿所可以为孩子适应社会提供准备。不过在他们家附近，有一个保姆名声很好……

哪种方式最适合他们的孩子？瓦妮莎从朋友那里听说，有些孩子因年龄太小无法适应托儿所。这一切都让人感到焦虑，而且没有人能回答他们的问题。

瓦妮莎和埃里克遇到了一个关键而且棘手的问题——父母的职责取决于重大社会焦点。

幼小的儿童需要亲近他们的依恋对象，现如今人们对此已有明确的认识。儿童“最早1000天”[1]的概念，更加凸显了在这个敏感时期环境的重要性。相关研究[2]明确指出，早期的依恋关系如何对儿童及其理解环境的方式发生重要影响。因此，有些著述者认为最早的依恋关系给了孩子一张路线图，将来，当新的人际关系在他面前展开时，他可以凭借这张路线图，驾驭自己的期望、行为和情绪状态。

作为父母，面对这些挑战和物质局限，无从施展对孩子的理想规划，他们怎能不感到一筹莫展呢？

应对措施

法国正在制定一些能够真正帮助父母的政策。“最早1000天”委员会以及来自这个委员会的决议——诸如延长育儿假期——都是重要信号，人们仍然在焦急地等待这些决议的进一步推进。

让父母有时间照顾宝宝，是强有力的社会决议和政策的目的所在。这样做也是对儿童精神健康的投资，毕竟孩

---

1 Rapport des 1000 jours, remis en septembre 2020 : https://solidarites-sante.gouv.fr/IMG/pdf/rapport-1000-premiers-jours.pdf.

2 N. Guédeney, C. Lamas, V. Bekhechi, A. S. Mintz, A. Guédeney, « Développement du processus d'attachement entre un bébé et sa mère », Archives de pédiatrie, vol. 15, supplément 1, juin 2008.

子会长大成人和为人父母。

如何规划这个聚焦各项重大问题的重要阶段?

▶保持关注,进行经常性评估

对于瓦妮莎和埃里克来说,如果能够知道汤姆是否适应托儿所生活、是否会经常生病、别人推荐的保姆是否名副其实等,那将让他们长舒一口气。然而很遗憾,这样的愿望并未实现。儿童看护中存在的问题让父母们深感焦虑。当头脑中不停地想着孩子可能的遭遇时,我们怎么可能专心工作呢?更何况瓦妮莎和埃里克还从周围人那里听到很多让人感到担心的事情。

无论选择哪种看护方式,都必须对孩子发出的信号和我们身为父母所能觉察的信息保持警惕。有的孩子能够很好地适应托儿所的生活,而有的孩子发现有太多的"航空母舰",却不知道何处能落脚。

对于依恋理论的理解告诉我们,一周岁以内依恋对象过多对于孩子来说不是一件好事。孩子需要清楚照顾者是否有空闲、是否能够接纳和亲近自己。瓦妮莎和埃里克事先要对此做准备。这是个真正的挑战,有时候要根据实际体验进行调整。这是因为,他们本来认为最好的做法,可能在实践后发现不如预期。这时需要毫不迟疑地做出调整,寻找其他办法。

▶育儿假期?

因为瓦妮莎和埃里克的工作时间都很长，所以他们非常害怕汤姆会更加依恋保姆或托儿所的老师。孩子远离他们的每一刻，都仿佛威胁到他们之间宝贵而融洽的关系。这种负罪感直接影响到他们和汤姆之间的关系，他们意识到必须弥补失去的时间。

在这个问题上，依恋理论认为，主要依恋对象一般是亲生父母(排除情况更为复杂的收养或寄养家庭)。父母要保持住这个“主要”地位，哪怕孩子长时间与次要依恋对象待在一起，例如保姆、托儿所老师，或是祖母。和父母在一起的亲密融洽时刻、最初的共同时光、肌肤之亲或怀抱过程中的身体接触，都使得亲子关系变得强大无比，不会随着时间而消逝。

依恋对象给予汤姆的安慰和回应，增强了双方的依恋关系，为汤姆打造了一个稳固的依赖基石。经过长时间的考量，瓦妮莎和埃里克决定不考虑经济方面的影响，让瓦妮莎休几个月的育儿假，从而能够更加从容地和他们亲爱的宝贝一起度过这段人生之初的时光。

一定要让自己考虑一下这种可能性！在法国，物质条件仍然不利于父母做出这样的决定。然而，这样的举措是宝宝，也是他们的父母所需要的。瓦妮莎产后的这段时期过得很艰难，她感觉自己不是一个合格的母亲。把汤姆托付给别人，可能使她在精神上感到放松："保姆很专业，她比我懂得多，至少在工作的时候，我没有精力考虑太多。"但是汤姆作为孩子，瓦妮莎、埃里克作为父母，他们需要更多的时间一起学习、适应和成长。这个时期是独一无二的，绝没有可能重新来过。虽然孩子成长的每个时期都有不同的色彩，但是宝宝迈出的第一步和他们的共同惊喜，注定是永存于心的财富。

2020年，"最早1000天"委员会延长育儿假的决定，虽然对于父亲在家庭构建阶段的地位重视不够，但是仍然有其存在价值。对于儿童的成长来说，两艘"大船"都非常重要。人们往往重视母亲的文化和经验，然而父亲的地位也有助于新家庭的平衡，他是孩子的"航空母舰"，也是母亲这艘“航空母舰”的“航空母舰”。

■总结

经济现状、夫妻之间受到考验的感情问题、家人的远离和工作的制约，都冲击着我们的美好想法，构成如今对父母职责的挑战。人们为此承受的精神压力需要所有人——包括家人、亲朋好友，以及更大范围内的、孩子幼年时期的所有教育参与者和政策制定者在内——保持关注。在此问题上，仍然要相信自己，发现自己周围育儿方面的专业人士，这些专业人士接受了一次又一次的培训，也越来越致力于为每个孩子提供最恰当的环境。

案例二

哭闹不停的卡皮西纳

他们当然关心女儿的需求，确认女儿有没有饥饿、寒冷、病痛等。然而，他们现在可以不再以成年人的想法去揣度孩子的感受，他们更懂得怎样调动自己的能力去安抚卡皮西纳。

1. 破译孩子的需求

“医生，我感到迷茫，我曾经多么盼望这个宝宝的出生……现在却看不到希望，我不知道该怎么办，该听谁的，该如何应付……”

成为父母后，一大堆问题接踵而至。我们的每个行为、每句话、每次决定都会引起新的反应。我们要为孩子负责，我们是他们生存的依赖，尤其是在最初几年，在他们性格特征形成的关键时期。

我们对儿童成长的认识显示，环境在他的人格建构中起着决定作用，父母是创建这个环境的首要参与者。发现这一点使一些父母感到负担沉重，有的人甚至茫然无措。

儿童的自我建构依赖三大支柱：

- 遗传因素以及遗传信息。
- 出生以来的环境以及他人和他互动的方式。
- 经验以及教训。

这三种因素的融合反应将形成他这一个体、塑造他的个性、决定他的现在和将来。

表观遗传学（épigénétique）或环境的重要性

作为上述发现的成果，表观遗传学如今有力地向我们揭示，组成我们周遭环境的各个个体和各种因素之间互相依存。这门学问认为，周围环境影响我们自身基因的读取和自身存在的表达。这种认识让人震撼，然而它同时让我们具有惊人的能力去改变我们的人生轨迹，干预孩子周遭的环境。

解读孩子的需求，是发现父母职责的必由之路。运用孩子发出的各种信号，可以学会在循环往复中自我调整，就像对一件乐器进行调音，实现音调和谐。哭泣是孩子最常弹奏的音符，以此与我们进行沟通，向我们传达他的心理状态。这些信号仍然是未经雕琢的，并未携带更加理性的信息，而理性信息只有随着孩子大脑空间和神经回路的逐渐成熟才会出现。[1]孩子激烈、频繁的哭泣让我们感到心烦意乱，往往让我们失去作为孩子的照顾者应有的判断力。这是因为，他们的哭泣让我们产生不安全感，激活了我们自己的依恋系统，我们的照顾能力相应地失效了。

1　如需进一步了解，请参考卡特琳娜·葛甘（Catherine Gueguen）著《与孩子一起幸福生活》（*Vivre heureux avec son enfant*），Poche，2017。

2. 哭闹是需要理解的生理信号

埃莉斯不知道该如何安慰15个月大的女儿卡皮西纳，无法平息她的哭闹和怒火。她努力尝试周围的人告诉她的建议。她的丈夫热罗姆非常想帮忙，但是不知所措，以至于埃莉斯感到极为孤独和不被人理解。她有一种日益强烈的痛苦的感觉，认为自己没有足够的做母亲的能力。如果换一个人带，卡皮西纳一定会更好。

孩子的哭闹让埃莉斯受不了，不停的哭泣让她饱受折磨，这不仅是对她的能力的否定，还让她手足无措。她尝试了各种方法去弄清楚女儿为什么哭泣，是不是感到饥饿、寒冷、炎热、不舒服、困倦等，但一切都像谜一样让她无法理解。她在报刊上读过很多关于分辨孩子哭泣原因的文章：卡皮西纳哭泣是因为她想换尿片，她的尿片脏了；卡皮西纳哭泣是因为她饿了；卡皮西纳哭泣是因为她肚子疼；等等。每次女儿哭闹，埃莉斯都想找到原因并做出回应，但是这似乎完全没用，卡皮西纳还是哭个不停。

孩子的哭闹是正常的生理现象，他只有用这种表达方式才能把自己的存在和各种感受告诉周遭环境。

这也是孩子释放压力的方式。20世纪80年代，明尼苏达州圣保罗-拉姆齐医学中心的生化学家威廉·弗雷博士（Dr William H. Frey）通过对眼泪成分的研究，断定哭泣有多重功能，其中之一就是降低体内压力状态。他在人类的眼泪中发现了肾上腺素和去甲肾上腺素成分。通过泪液排出这两种造成压力的成分，可以减轻对交感神经系统的刺激，从而使人从紧张状态过渡到放松状态。

由此得出结论，宝宝哭泣是正常现象。这句话要不断地向如今那些把阻止孩子哭闹作为唯一目标的父母们重复，他们还在用老办法解决问题。

当卡皮西纳哭闹的时候，埃莉斯从成年人的角度理解女儿可能感受到的情绪——很难受、状况很不好，甚至感到不幸。埃莉斯时常陷入痛苦的情绪中，她无法维持应有的判断力以适应女儿的情绪。当女儿哭泣时，她总时立刻开始推测其哭泣的原因，并从尿片、上次进食、长牙、腹痛、困倦、白天的活动、情绪刺激等方面寻找。埃莉斯一旦找到原因，就马上进行补救。只要卡皮西纳平静下来，埃莉斯马上就会感到放心，尽管如此，她仍然对下一次危机的到来保持高度警惕。

压力就这样逐渐渗透到她和卡皮西纳的关系之中，对埃莉斯来说，快乐和安静的时光不过是下一次暴风雨前的暂时喘息。风暴来得很快，埃莉斯每天都在不断增长的苦恼中度过。热罗姆试着安慰妻子。卡皮西纳在顺利成长，她开始说话了，和女儿的寥寥对话让热罗姆感到非常骄傲，他很享受和女儿的融洽时光，鼓励埃莉斯也这样做。但是，埃莉斯做不到，她觉得热罗姆不了解女儿。而且，当卡皮西纳哭闹的时候，他也无法安慰女儿。

埃莉斯陷入自己的分析中无法自拔，在她眼中，热罗姆和家人都不理解真实情况。她认为，卡皮西纳哭闹是因为不舒服，既然无法帮助女儿，那么她只能认为是自己造成了女儿的不幸。这种深深的自责使得埃莉斯完全无法履行作为母亲的职责。她不仅无法让女儿平静下来，而且在内心深处感到自己是女儿不幸的根源。埃莉斯无法承受这样的想法，她曾经多么渴望成为母亲，现在却陷入噩梦中。她从未拥有过自信，这场考验表明她对自己的怀疑是多么正确，她没有能力照顾自己深爱的宝贝。

应对措施

▶对自己放心

父母的职责使我们不断地为了孩子的需求而拷问自己。因此，看到非常关心孩子的父母比看到对孩子的感受无动于衷的父母更让人感到放心。埃莉斯完全担负起母亲的责任，全神贯注地照看女儿，她周围的亲朋好友和专业人士可以帮助她认识到这一点。当然，一开始埃莉斯不会明白这些安慰的话语，因此要耐心而亲切地不断重复。

▶牢记宝宝哭闹是正常现象

牢记而且不断重复："宝宝哭闹是正常的。"他不像我们成年人一样因为不幸而哭泣；哭泣是幼儿生理功能的一个组成部分，有助于让他减轻一些压力。认为父母要为宝宝的哭泣负责，这只不过是父母对自己想法的延伸，与卡皮西纳自身的真正状况毫无关系。这种错误的想法让人产生严重的负罪感，对于亲子关系具有很强的破坏性，阻断了各种转变的进程。

▶重视不哭闹的时候

像热罗姆所建议的那样，要重视而且维持在卡皮西纳不哭闹的时候与她度过的融洽的共享时光。这些短暂而亲密的时刻都是宝贵的馈赠，哪怕只有几秒钟的时间，都会让普通的日子绽放光芒，因此，要像对待珍宝一样保存和呵护这些时刻。随着时间一天天过去，在热罗姆和亲友的帮助下，埃莉斯能够越来越多地发现这些时光。她和女儿之间的关系不再只有深深的不满和自责，从此以后，她会不时地和女儿互相展露笑容，共享美好时刻。最初美好的时光短暂易逝，后来变得越来越长、越来越频繁，甚至起到了在艰难中恢复平衡的作用。

▶自我反思

埃莉斯所经历的痛苦和不安或许引导她拷问自身机制和自我形象。孩子的哭泣为什么如此强烈地让她对自己产生负面看法，甚至使她产生自己是爱女的痛苦根源的想法？为什么她感到自己如此不称职？在工作和个人生活中，是否也是这样的形象？她是不是经常感到自己不够格？说到底，她渴望从自己和卡皮西纳的关系中得到什么？这些问题或许促使她进行一番自我反思，让自己在与卡皮西纳的关系中成长起来。

养育子女往往使我们超越自我，这个过程绝非总是一帆风顺的，有的时候我们需要帮助。

■总结

成为父母，有时候让人变得非常理想化，而这往往治愈了我们在孩童时期内心所受的伤害。看到我们的孩子的痛苦，我们会对他的哭泣加以解释，并且将痛苦投射到自己身上，对自我加以拷问。我们到底是什么人？至今我们对自己有什么发现？由于孩子的出生，我们身上是不是存在将被发现的另一面？我们或许能够和孩子一起成长，他颠覆了我们的生活，也让我们对自己更加了解。

敢于向别人求助。在这条时而崎岖却让人大受教益的启蒙之路上，寻求指引是至关重要的。孩子就像我们的导师，他改变我们，质问我们的经历和个性。这条路并非总是很轻松，有时候甚至非常艰难。孩子仿佛是一件看上去不怎么诱人的礼物，我们可能会觉得他是来消磨我们的耐心的，让我们陷入危险之中，饱受刺激，甚至感到备受折磨。面对这样的状况，我们很难没有任何想法……别忘了，孩子是一笔财富，是天赐的礼物，可以让我们发现自己。他无意带给我们痛苦。我们跋涉在这条通往自我发现之路上，需要从孩子的爱中汲取能量。

3. 解读孩子的哭闹

哭闹是任性的表现吗？

卡皮西纳不停地哭泣，有时候是因为肚子饿，有时候是因为牙齿生长痛，有时候是因为害怕某个陌生人，而有时候，父母觉得她就是任性。她在不该要的时候想要安抚奶嘴，或者在没有得到满足的时候大发脾气。埃莉斯和热罗姆试图告诉她，他们不同意她这样做。但是，女儿肯定不愿意承受挫折。他们耐心地劝解，她这样哭闹一点也不乖，弄得全家人紧张兮兮的，但是卡皮西纳仍然我行我素。

不仅埃莉斯和热罗姆，甚至祖父母也觉得卡皮西纳过于任性。她一有不满就哭闹，这些时候她看向父母的眼神总是恶狠狠而且意味深长的。她很清楚自己想要什么，现在也知道如何得到。埃莉斯和热罗姆看到，女儿坚决地表达自己的不满，直到她得到想要的东西。

埃莉斯和热罗姆绝不会知道，女儿的行为并不是她的小脑袋能够当机立断、有意而为之的。神经科学领域的研究可以让我们更好地了解人的大脑功能。

▶有关大脑功能的最新研究成果

很多回路负责联络大脑的各个区域，其复杂性难以描述。据说存在一些较为明确的控制某些功能的大脑区域：杏仁体、海马体、纹状体、尾状核、小脑等。从教育学的角度考察，大脑可以大致简化为三个区域：

- ◉ 爬行动物脑或本能脑；
- ◉ 边缘系统或情绪脑；
- ◉ 新皮层或理性脑。

第一个区域一出生就成熟可用，孩子以直接和本能的方式回应一切危及生存的恐惧或威胁性刺激。

第二个区域一出生就发挥作用，但需要出生后最初几年的经验才能逐渐成熟，才有能力辨识各种情绪。

第三个区域负责让思维更具理性，使个体发展出更具结构性的推理能力。

15个月大的卡皮西纳，完全无法设计出复杂的策略。她还不具有足够的意识去辨别自身的感受，更不用说父母的感受了。然而，如果认为她能够“任性而为”，那么她必然有能力进行这样的推理：“我如果这样做，就能得到我现在需要的东西。”我们现在知道，在她的年纪，大脑没有完全成熟，不足以支撑这样的思考。

那么，父母为什么能经常看到她愤怒而坚定的目光？这样的目光让人没办法不产生联想，从而认为她是任性胡闹。实际上，不断地在身体和心理上寻求父母的亲近才是卡皮西纳的目的，而正因为如此，她的做法是“正当”的。使她能够达到目的的任何表现，哪怕是（爬行动物脑支配下的）非常本能的方式，在她看来都是恰如其分的。大笑似乎能吸引父母，但是比哭泣的效率低很多。再者，举例来说，她之所以想要安抚奶嘴，是因为她需要吸吮奶嘴带来的安全感。她的哭闹不是我们大人眼中的任性。

应对措施

▶没有所谓任性的宝宝

卡皮西纳这么大的宝宝不会任性，因为她还没有形成故意作为的能力。明白这一点后，我们就会对她的哭泣有别样的看法：她的哭闹不是故意纠缠筋疲力尽的父母，或者使他们让步，而是在不断表达亲近父母的需求。

▶对于亲近需求的表达

这个新的视角促使父母改变应对方式。卡皮西纳的哭闹，暗含着她对于无法得到父母足够亲近的恐惧。训斥和惩戒无法对卡皮西纳的行为造成任何影响。无论如何，这类威胁不能作为教育工具使用。此外，神经科学表明，这些应对措施还会损伤大脑和神经回路（请参考VEO[1]的相关文章）。

▶评估孩子的要求

遇到孩子哭闹，对于年幼的孩子（4到5岁以下），应当评估孩子的要求是真的无法实现，还是父母出于原则性考虑进行了拒绝，因为“不能什么都是他说了算”！

◉ 如果要求合理，父母应该予以满足。

◉ 如果父母认为要求不合理，就要拒绝孩子的要求，但是要和孩子有身体上的亲近。

---

1 日常教育暴力。VEO研究所：https://www.oveo.org/.

埃莉斯语气比平常更坚定地向女儿解释，她的要求不能被答应。女儿哭泣的时候，埃莉斯把她抱在臂弯里，或者让她靠在身旁。孩子当然要好一会儿才能平静下来，但是她可以感受到来自母亲的安全感，母亲待在她的身边，清楚地告诉她，哪些要求是可以答应的，哪些是不能答应的。

■总结

成年人认为，孩子哭闹是在耍脾气。这种解读是成年人经常把自己的想法错误地投射到孩子行为之上的例证之一。这导致大人一连串给出各种反应，结果造成关系更加恶化，使我们和孩子之间的交流出现很多障碍。我们认为孩子向我们提出这些请求是有意为之，因此非常气愤地做出回应。明白孩子不是任性或者有意为之（或者父母有时候认为的故意操纵），对于我们制订教育策略来说至关重要。孩子的自发性和当下的感受，使得家长无法制订教育策略。但是我们的“成年化”思维，也就是把我们作为成年人的想法投射到孩子的心理功能中，是我们履行父母职责过程中最有害的习惯之一。

这种成年化思维容易造成对孩子行为的严重误解，导致父母产生很多不恰当的态度。亲子关系中的不平衡容易使孩子滋生焦虑感，增加孩子行为的挑衅性，而孩子的行为反过来引发我们的应激反应。这样就形成一个痛苦的循环，父母和孩子日渐疏离，渴望中的亲密无间更加变得遥不可及。孩子被认为是专横难处的。父母身心俱疲，躲得远远的，然而孩子非常渴望父母的亲近。要知道，孩子是无法独自摆脱这个“恶性循环”的。

务必要避免堕入另一个极端。孩子没有足够的能力参与人际关系游戏、给自己定位或做出选择。他们的大脑不够成熟，无法参与成熟的人际关系进程。孩子不断被情绪风暴所裹挟，他们无法破解其中意味。所以，让我们的孩子保持无忧无虑吧，不要破坏其生理的稚嫩和自发性，不要期望他们过早地成熟，获得解放。

4. 在外人面前哭闹

如果卡皮西纳在前来拜访的亲戚朋友面前哭闹，那就更会让人印象深刻。这些聚会场面让埃莉斯和热罗姆感到难堪不已。每当这种时候，埃莉斯的父母免不了要责备两人对孩子管教不严。他们早就有言在先：把孩子惯成小皇帝可不是个好方法。“在他们那个年代”，一切都好好的，至少在他们看来是这样。他们和小家庭走得很近，常常把外孙女接到家里，与埃莉斯和热罗姆换班。不过，他们每次都会挑剔和品头论足一番。他们其实并不是这么苛刻的人，而是很想帮助女儿学好做父母这一课，有四个孩子的他们可是学习过四次。

埃莉斯和热罗姆正在经历一个作为父母的复杂阶段。他们共同学习了一些教育原则，希望用在建设自己的小家庭上面。他们很用心地实践从各种渠道（家人、互联网、朋友、专业人士、书籍等）获取来的丰富建议，有关于对卡皮西纳进行教育的，也有关于父母自身定位的。然而，实践了一段时间之后，他们仍然感到孤立无助、茫然若失、困难重重。卡皮西纳的哭闹、埃莉斯的疲惫、热罗姆对自己的深刻质疑，使这个还在建设中的小家庭陷入一片混乱。不过，他们的主观意愿是积极的，他们急切地想要摆脱自己曾经深受其苦的过时的教条，决定共同探索一条不一样的解决之道。他们借鉴了大量当代有关儿童成长的观念，渴望为卡皮西纳提供一个能够使她的个性得到充分发展的教育空间。

然而，现实终究难以预料。卡皮西纳似乎并未感受到父母对她的需求和要求所倾注的关心。他们全心全意地围绕卡皮西纳来安排自己的生活，把一切心思都放在女儿的幸福上，但女儿的哭声仍在全家弥漫。他们有时候觉得自己耗费全部精力所做的一切努力都打了水漂，甚至他们两人之间也因此产生了裂痕，他们对于某些决定意见相左，分歧日益严重而且频繁出现。家人们的批评更加剧了逐渐生根的苦恼。他们心底里知道自己绝对无法认同卡皮西纳的祖父母有时候非常尖刻的批评，然而他们又感到无力反驳，因此心态逐渐失衡。当他们筹办晚间聚会时，朋友家的儿子泰奥看起来很乖巧。这样一对比，让他们觉得自己并不是合格的父母。

应对措施

▶世界上不存在完美的父母

首先，埃莉斯和热罗姆要承认世界上不存在完美的父母。为人父母就是要走一条漫长的学习之路，要在亲子关系中进行长时期的磨砺。不存在一本能解答所有问题的手册。此番经历中的每个角色都是独一无二的。有朝一日，如果他们希望生育第二个孩子，开始另一番探索（因为第一次的经历过于困难和痛苦。不过目前这个目标还太遥远，甚至无法设想……），他们会发现另一种个性，一个脾性完全相异的孩子，从而开启另一段独特的旅程。

▶对自己和自己的原则进行反思

父母的实践过程，也是一个在不断试错的基础上共同学习的过程。这种学习方式可以使大脑满足自身的一项基本需求——与实践的反馈结果进行对照。不加评判、怀有善意，但是不断质疑反思，父母履行职责要依照亲子关系的发展和孩子的反应进行调整。在构建父母职能的过程中，一切错误和过失都不外乎固执于自我理念之中而不能反思。这种不知变通造成诸多痛苦。有的父母喜欢说："以前我们有原则，现在我们有孩子！"

在设想和现实之间来回切换并不容易。这一过程会导致局面失控，叠加到焦虑性格上将引发极度失衡。成为父母，的确要经历一番在学习中谋求转变的考验。

埃莉斯和热罗姆并没有做错什么，也不必对自己如此苛责。他们必须共同探索怎样做才能以最恰当的方式满足卡皮西纳的需求。为此，有必要（尤其不要感到羞愧）寻求帮助，因为我们并不是天生就能做好父母，直觉之外还需要经验。

▶看问题不能绝对

卡皮西纳是独一无二的，只有父母最了解她。无论她的祖母还是埃莉斯的好友斯特凡妮，都不能读懂她的需求。埃莉斯要相信自己，在亲朋好友面前展现自己的独特性。

以上说法并不是让大家拒绝或忽视别人的慷慨建议，相反，我们要欢迎别人提建议，并把它们存入自己的“数据库”中，在需要的时候从中检索、提取建设性建议，它们可能符合埃莉斯或热罗姆的某些问题。然而，不要把这些建议立即付诸实施，因为每个家庭都是特殊的，无法简单进行“复制粘贴”。

我们往往会偏执地避开那些曾经历过的、看起来有危害的教训，但是要全部抛弃那些教训吗？我们难道没有从中得到益处、资源和力量吗？避免绝对地看问题不是一件易事；不加区别地抵制，却再容易不过了。

▶维系夫妻关系

卡皮西纳是家庭的重心，埃莉斯和热罗姆始终用心地为她营造健康成长和全面发展所需要的环境。为了女儿，夫妻二人改变了自己的家庭生态。然而，决不能把夫妻关系抛诸脑后。面对卡皮西纳不停的哭闹，他们很容易把夫妻关系抛到九霄云外。怎能为了一次晚宴把女儿丢给保姆或者祖母呢？他们觉得别人是带不了这个孩子的，女儿不停的哭闹让人无法忍受。然而，在作为父母和作为夫妻两种身份之间实现平衡，是这个阶段中的一件大事。夫妻二人的和谐、团结和默契，是构建家庭的基石。维系亲密的夫妻关系是当前阶段的关键任务。如果缺乏互相关心，夫妻关系可能会陷入危险境地，会过早破裂，夫妻二人也无法一起成功转变，度过从二人世界到三人世界的这个复杂阶段。

■总结

父母面临巨大的育儿挑战。成功地抚养孩子是一种挑战。此外，父母的个人成长以及孩子的成长也是必要的。这样复杂甚至繁重的复合型挑战，使得“成为父母”这项任务更加重如千钧。重新聚焦于亲情，摆脱争出胜负和一较短长的心态，在养育子女的过程中不造作、不跟风，才是摆脱痛苦困境的正道。

5. 孩子的哭闹让大人忍不住动手

我们说过，热罗姆非常关心女儿卡皮西纳。他的性格比较内向，不喜欢敞开心扉，又容易焦躁，在遇到埃莉斯之前，他是通过大量运动来安抚情绪的。运动有助于他抚平隐藏在“虚假安静”外表下的焦躁不安。女儿的出生让他周围的环境和生活发生急剧变化。在最初几个月里，妻子的负面情绪也使他的心态出现问题。

他羞于启齿，有几次他感觉忍耐到极限了，对于哭闹不停的女儿他感到气血上涌。他当然没有付诸行动，总是在动手之前控制自己做出暴力举动，比如推拉、晃动女儿的身体。但是，女儿的哭泣让他简直难以忍受，他知道自己离动手不远了。因为花时间给埃莉斯帮忙，他不能通过散步来排解情绪。他听说过推拉婴儿身体的害处，完全明白其中的危险性。然而每当无法忍耐的时候，他总是想，这样做简直易如反掌。他感到很担心，耻于提及这件事。他是很爱卡皮西纳的。

▶推拉摇晃婴儿的身体

体罚往往是一件说不出口的事情，尤其是推拉婴儿身体这类特殊情况。这些不幸事件造成婴儿10%的死亡率和50%的终生致残率，[1]因为有相当多的婴儿出现类似情况并未就医，所以很难给出确切数据。

在婴儿一周岁之前经常发生这类事件，婴儿让人难以忍受的哭闹声导致监护人气愤难耐，乃至剧烈地推拉、摇

---

1 https://www.parents.fr/actualites/bebe/bebe-secoue-plus-de-1-000-cas-en-deux-ans-428157

晃其身体。这对婴儿神经系统的影响极为严重[1]，极易造成颅内损伤、内出血等。这类施虐者中70%为男性[2]。所有家庭都会遇到类似情况，当然某些因素会额外增加推拉婴儿的风险，比如缺乏睡眠，家庭冲突，资金困难，单亲家庭，缺少帮手，精神障碍，冲动性格，滥用药物、酒精或毒品。

▶人人都无法置身事外

这种风险我们每个人都无法置身事外。把某些家庭定性为“高危”家庭的做法，得不到数据上的支持。所有社会-经济群体都不能排除在外。热罗姆在过去的生活中从来没有暴力行为，但是各种情况的不断积压，让他到达情绪忍耐的极限，这符合人之常情。

父母不是能忍耐一切的超级英雄。热罗姆已接近忍耐的极限，卡皮西纳的哭声在家里回荡、埃莉斯感到无力照顾女儿、周围的人对他们批评指责、压力无处释放、晚上睡不好觉，所有这一切混合成一种掺杂着愤怒、失望、深刻挫败感、羞愧和负罪感的情绪向他袭来。

感受这些情绪、说出这些情绪而不必担心别人的责备，这是非常重要的。然而，当今社会对优秀表现充满期

---

1 https://www.chusj.org/soins-services/S/Syndrome-du-bebe-secoue/Tout-ce-qu-il-faut-savoir

2 https://www.ameli.fr/assure/sante/urgence/bebe-enfant/syndrome-bebe-secoue

待，哪怕对于做父母也是这样，因此人们为父母们设置了很多高效目标。不管别人的话说得多么充满善意，有些父母总是感到被人品头论足。家庭内部不断重复的批评就是一个很好的例子。因此，他们怎么可能迈出求助这一步呢？热罗姆感到毫无办法。他发现自己有着之前从未了解的一面。他之前从未感到自己有暴力冲动，从来没有达到控制自身情绪的能力极限。所幸，现在，他总能找到方法对付这类情绪溢出。

这么爱卡皮西纳的他，怎么跟身边的人说起呢？他无法指望埃莉斯，因为她和他一样无能为力。他喜欢隐藏心事的性格，一直以来对他是一种保护，然而，面对在自己身上发觉的暴力倾向、自己的这些感受时，他感到孤立无援。到哪里寻求帮助呢？谁能帮忙呢？怎样解释自己的内心活动呢？他甚至找不到合适的词语来表达。对于别人的评判造成的恐惧是现实存在的。谁能够理解他的感受而且不会加以谴责，不痛斥他是一个“坏”爸爸呢？

应对措施

▶抽身，去冷静

对热罗姆和所有敢于说出这些感受的父母们的第一个建议是，要对冲动情绪保持高度警惕。一旦感到一丝苗头，要立即把宝宝放在小床上，远离他，给自己一段冷静的时间。这时候应该向周围的人求助，或者打电话询问能够前来提供帮助的人员或机构。再度置身于孩子的哭闹中，可能引发同样的暴力反应。

▶承认自己的极限

我们所经历的某些情绪有时可能具有难以置信的力量，使我们失去判断力和自控力。一定要保持清醒的认识。在养育子女的人生阶段，我们的周遭环境发生了颠覆性变化。承认自己的局限性，是我们刻不容缓需要迈出的第一步。被推拉摇晃的婴儿会出现极其严重的症状，我们作为父母绝对要避免这样的后果出现。

▶求助

在这种情况下，无论多么艰难甚至难以设想，哪怕我们之前一直告诉自己要独自面对，也一定要迈出求助这一步。热罗姆无法指望父母，他从小就养成了靠自己的翅膀飞行的习惯。在他眼中，求助是危险而且无益的。然而为了保护女儿，他必须迈出这一步，必须放弃自己的原则。他可以选择一个信赖的人，也可以选择一些专门解决这些困难的机构（父母学院、母婴保护中心等），然而对于无助的父母们来说，预约某家机构、找到合适的资源并不是很容易的事情。

▶敢于在夫妻之间谈论

为了保护已经不知所措的埃莉斯，热罗姆保守着自己的秘密。然而，他们可以齐心协力度过这场考验——他们可以互相扶持，向外界求助，把手足无措的负罪感转化为父母共同的责任感。

■总结

深爱自己的孩子，同时让他受到暴力威胁，这种心态似乎不可思议，却可能突然冒出来。疲惫、受挫、茫然甚至绝望，这些养育子女过程中产生的情绪（有时还带着工作中的情绪）冲击着父母们，可能导致悲剧的发生。一时之间，备受珍爱但又脆弱的孩子会遭受父母的暴力行为，甚至可能因此丧命。很不幸的是，后悔和愧疚无法让时间倒流。“恶是无法收回的。”在如此悲剧性的背景下，预防措施更凸显其价值和重要性。

成为合格的父母并非易事。我们不必因为自己需要指导和协助而感到羞耻。发现自己滑向失控的边缘和触碰到极限时——这些都是符合人之常情的——让我们开始尝试求助吧！

6. 因腹痛而哭闹

在卡皮西纳出生后的几周，因为她不停地哭闹，儿科医生诊断后给出的结果是肠绞痛，这个诊断排除了她哭闹的其他可能病因。从那时候起，埃莉斯和热罗姆开始执行医生给出的喂食规则——多次喂奶，他们还试遍了周围的人给出的建议。但是所有这些努力都没能让女儿真正平静下来。卡皮西纳的病症频繁发作，每当这时候她都感到很不舒服，身子扭来扭去，小手紧攥着，后来还不停地放屁。幸好儿科医生的解释让他们知道了孩子哭闹不止的原因——饮食问题，这让他们放下心来。

▶一种常见疾病

大约有20%的婴儿被诊断为肠绞痛，这是婴儿频繁哭闹的原因（几天之内哭闹几个小时）。虽然肠绞痛这个病名让人联想到是肠道问题，但是肠绞痛的原因难以确定，包括消化系统发育不成熟、消化不良、神经系统发育不成熟或心理原因。治疗后往往效果欠佳，而病症本身似乎在几个月后会自动消失。医生并不建议进行检测以确定或排除肠道原因，然而父母们仍旧将担忧集中在孩子的消化问题上。

埃莉斯和热罗姆找到是身体的原因造成孩子不停地哭闹后，顿时松了一口气，这说明他们不必为孩子的哭闹负责。然而，每当卡皮西纳开始大哭大闹，使劲往后挺身子，小脸涨得通红，他们又会感到不知所措和无能为力。一开始，他们不停地摇一摇、抱一抱女儿，给她按摩并安慰她。但是，看到这样做没有任何用处，而且让女儿的哭闹搅得手足无措、身心俱疲后，他们便泄气了。和女儿在一起的美妙时光，一点点被哭闹和日渐增长的不安尘封起来。温情脉脉和让人倍感安慰的亲密感，悄悄地转变为对于履行父母职责能力的不断质疑，这样的质疑也影响到他们的情绪控制能力。

最后，不管卡皮西纳哭闹的原因是什么，无论她的痛苦在于生理还是心理，她都需要重新靠近自己的依恋对象。只有这样的连接可以安慰她，关闭她的警报系统。

应对措施

▶器质性问题？

要在第一时间和医生确认，孩子的哭闹不存在器质性病变，诸如耳炎、尿道感染、胃食管反流等原因。

▶和孩子保持更多的身体亲近

父母应该长时间和孩子保持身体亲近，哪怕并未看到任何改善，这样的亲近也能让孩子感到安慰。长时间的肌肤之亲会让卡皮西纳安静下来，这是因为这样做会带给她安全感和稳定感，在感到痛苦的时候，她尤其需要借助这些感觉找回稳定的情绪。有的宝宝相对于别的宝宝来说，需要更多的身体接触，这一特点与其性情有关，是与生俱来的。这类宝宝可能出现更多的哭闹和肠绞痛症状，他们以这样的方式恳求得到他们迫切需要的身体亲近。埃莉斯和热罗姆必须认识到，女儿拥有这种特征并不是他们的错，他们不必为此担负任何责任。他们的卡皮西纳只是需要他们的臂膀，他们也无须担心女儿会因此变得任性难带。

▶放松心情

做合格的父母的自信心在慢慢消失，埃莉斯和热罗姆渴望得到某种能够迅速安抚女儿的有效方法，看到女儿受罪他们真是痛苦不堪。通常情况下，在等待似乎更加合适的外部解决方法之时，父母可以认真观察一下，哪些动作或姿势让孩子特别舒服。他们必须更多地接触女儿，才能更好地破译女儿传递过来的信号。卡皮西纳仿佛在强烈坚持与父母保持沟通，她通过不懈的坚持来宣告，与父母之间的关系是她的宝库，她希望充分享受每一刻，绝不放松。

■总结

肠绞痛经常被提及，这充分显示出我们在解释婴儿哭闹和找出其外部原因方面的困难。我的目的不是为宝宝消除这类困难或忽视其他现实存在的病症，而是及时反思孩子如今需要怎样的亲近接触。孩子不停的哭闹声仿佛在呼唤我们伸出臂弯，这促使我们探索抱孩子的技巧，甚至改变我们的时间安排，以便抽出更多的时间陪伴孩子。在这样的结论背后，我们与孩子如何分享生活？难道我们不是常常试图把我们一贯的节奏强加给他们吗？各种限制和事务迫使我们以亲子时光为代价，做出某些安排甚至“牺牲”。这条为人父母的道路，不应是充满负罪感的，而应通过个体和共同的责任感来铺就。如果我们能清楚认识到应该为孩子营造何种环境，就一定会找到更恰当的应对方式。

7. 婴儿因高需求而哭闹

因为得不到让人感到安慰的回应，埃莉斯只好去网上看其他妈妈发的帖子。在或多或少引起焦虑的阅读过程中，她看到这样的字眼——“高需求宝宝”（BABI），她越看越觉得文中描述的和卡皮西纳的情况相似：女儿出生以后就不停地而且无法安抚地哭闹，总是要让人抱着，睡眠极浅，一丁点儿动静都能感觉到，不停地要吸吮奶头……这些宝宝的性格被描述为“难带”，让父母感到头疼，卡皮西纳完全符合这些特征。从那以后，埃莉斯一方面稍感欣慰，因为卡皮西纳的这种情况是“天生使然”，和基因遗传有关；另一方面又困惑不解，为什么没有任何专业人士向父母们指出这一点。父母不必为此负责，她想到这里松了一口气，但是仍然有一种深深的无力感，因为父母要独自摸索如何应付孩子的特殊性格。

▶什么是高需求宝宝？

20世纪80年代，美国育儿专家威廉·西尔斯[1]（William Sears）提出了“高需求宝宝”这一概念，其中囊括了性格别扭或难以掌控情绪的宝宝。这个概念至今没有得到更多专家的重视。高需求宝宝在婴儿中占到10%，与卡皮西纳的行为表现类似。他们睡眠较少，一放到床上就醒来；他们总是高度警惕，就像永远在执行任务的“控制

1　Elizabeth Pantley, *The No-Cry Sleep Solution: Gentle Ways to Help Your Baby Sleep Through the Night*, M.D., 2002.

塔”；他们老是哭闹，哭声震天，而且似乎无法安抚；他们极为敏感，比别的宝宝反应更强烈，总是要让人抱着(但是拒绝专业人士、祖父母、亲朋好友等)；他们很难被抚慰，往往吸吮乳头才能安静下来；他们精力充沛，非常活跃，当然也没有达到过分的程度。这些表现让人们认为他们太任性了、被惯坏了或存在性格障碍。

照顾这些孩子对人的要求很高，无论对于父母还是专业人士来说都是一个挑战，别人的闲言碎语也透露出对此深深的不理解。这些宝宝的性格特征与生活变化(分离、搬家等)无关，无法以生活变化作为借口，证明宝宝面临情感困境。对于高需求宝宝来说，是某种天生的过分敏感让他们始终对周围环境非常敏感，他们高强度地接收着外界的每一种刺激。

我喜欢用一台音量“到顶”的收音机来打比方，它能接收到所有电波。然而，一部手机不可能下载所有软件来处理信息。与之类似，宝宝的大脑在最初几年也没有能力来分析所有外界刺激。他们无法将各种要素进行排序，解读出其中意义。他们仿佛身处一部科幻电影中，被各种无法理解的刺激和令人恐慌的信息狂轰滥炸。他们有深深的不安全感，希望得到更多的亲近和安慰。针对这种过度感知，他们自然要发展出不间断的过度警惕才能做出适当的反应。这对他们来说同样痛苦不堪。

在我看来，他们仿佛是怀抱珍珠的牡蛎，拥有一笔美妙的财富，而过度敏感就如同孩子们的珍珠，让他们充满生机和活力。这些“强化版”孩子可能哭闹较多，然而当状态良好的时候，他们会光芒四射，笑容灿烂，很快乐，也很热情。不过在发现隐藏的珍珠之前，父母和其他照护者会碰到坚硬的外壳，懂得如何看见孩子们内在的财富并不容易。失望和困惑往往是高需求宝宝的父母和保姆们必须面对的。

▶法国对此概念接受度不高

高需求宝宝这一概念来自北美文化，法国人对此态度冷淡，并深表怀疑。有些人认为这不过又是一阵风潮，只是行为主义的引申，很难说有什么充分依据。不过从实际经验来说，在问诊的过程中，我接待过很多类似的宝宝和他们精疲力尽的父母。理解孩子的这种性格，有助于打开干预和指导的路径，并且取得临床上的改善。从此，可以建立一套运行方式完全不同的家庭体系，在这种体系下，安慰模式将得到承认和接受，无人会去评判。

严格的处理方式是，首先排除对于孩子自身的病痛的其他医学诊断，然后对孩子的行为表现进行背景分析——这些行为可能会在家庭环境发生变化（家庭重组、分离、冲突、家庭暴力等）时表现出来，最后就可以深入解读宝宝的需求了。

应对措施

▶推测（或无须推测）原因

对于卡皮西纳的固有特殊性的发现，让埃莉斯和热罗姆深感安慰。他们过去不停地寻找卡皮西纳哭闹的原因，现在采取了另一种形式。他们当然关心女儿的需求，确认女儿有没有饥饿、寒冷、病痛等。然而，他们现在可以不再以成年人的想法去揣度孩子的感受，他们更懂得怎样调动自己的能力去安抚卡皮西纳。初步的觉悟对于摆脱让人手足无措的负罪感至关重要。

▶保持耐心

为了安慰、鼓励和理解孩子，高需求宝宝的父母要利用冷静和耐心的优势。宝宝的高需求使照顾他们变得非常困难，父母或其他照顾者经常感到孩子处在永不满足的状态——“他们总是觉得不够”。卡皮西纳似乎从未趋于平和安静。理解高需求宝宝，就是明白他们的情感安全需求显著高于其他宝宝，对于别的宝宝来说足够了，对于他们来说却远远不够。这不代表对他们的照顾不够贴心，而是他们的需求池很难填满！好消息是，在填补他们的需求的同时可以营造出一个个短暂的融洽时光，虽然在父母看来这些时光匆匆易逝。

▶营造有制约的环境

把卡皮西纳的特殊性纳入他们三人正在打造的关系之中，使埃莉斯和热罗姆调整了作为父母的姿态。如此一来，他们能够更加自信地告诉亲朋好友，他们的孩子不是“小皇帝”，也不是任性多变。他们还明白，卡皮西纳需要稳定和可以理解的环境，为了给她安全感，他们要划出一条明确的边界，指出哪些行为是被允许的，哪些是不被允许的。针对高需求宝宝，父母要尽早确立权威和规则。

▶驯服孩子的特性

很多高需求宝宝的父母会想到孩子可怕的青春期和长大后仍然存在的缺陷，但是想明白孩子具有特殊性这一点之后，父母们可以想象一个没有那么灰暗的未来。父母越早了解孩子的这些行为机能，就能越快地驯服孩子和掌控孩子的情绪。这是让珍珠灼灼发光的真正机会，在孩子出生后最初的几年中，这颗珍珠更多地显现出缺陷而非优势。学会说话、能够自主活动，让这些喜欢探索和渴望发现的宝宝得到初步的宽慰。在出生后的最初几个月中，依赖性似乎让他们感到非常局促。父母越是感觉和孩子之间互不理解，孩子就越是感到不安全。父母感到不得安宁、不堪忍受孩子的骚扰，而孩子也有种被抛弃感。这种被抛弃感会放大他的不安全感，导致焦虑的恶性循环。这种状况极具破坏性，孩子被迫独自应付情绪失衡，父母则很快把养育子女视为苦差事。

■总结

把高需求宝宝的特殊性归纳为过度敏感，是试图理解“今天的孩子”的一条关键途径。他们的哭闹和对于自身困境的表达，是人们解读他们的需求所必须考虑的因素。由此，我们就可以创建适合孩子发展、符合他们的内在本性的环境，而不再只从我们自己的想象和理想化出发。

案例三

不想睡觉的埃利奥特

要想让孩子凭借自身的能力承受住生活的风雨，就必须让他在依恋对象的陪伴下学习和经历那些“不如意”，让他感悟到他能够坚持下来，甚至从中受益。与父母的分离也是其中一部分。

1. 睡眠是养精蓄锐和生长发育的时刻

“我的小儿子3个月后终于可以在晚上入睡了。”

就像得了大奖或打了大胜仗一样，这样的信息经常在父母们之间被大肆宣扬。

很多父母不愿意承认，孩子的睡觉问题是他们的噩梦。孩子入睡难，在晚间数次醒来，早上很早就睁眼，睡懒觉的时光已经成为父母们的遥远回忆。他们的生活规律被打乱，因为夜间的零碎睡眠造成睡眠不足，生活质量逐渐受到严重的影响。晚上的时间都用在哄孩子入睡上了。

晚上享受二人世界，白天岁月静好，这样的日子一去不复返了。夫妻独享共同时光，卿卿我我、耳鬓厮磨，这样的时光也一去不复返了，取而代之的是两人轮流整夜不停歇地照顾孩子，累到筋疲力尽，夫妻之间的热情丧失殆尽。两人之间的亲密感受到“冲击”，被弃如敝屣。不过，现在最重要的不是这个，两口子只想孩子睡个好觉，也让自己睡个好觉。

从舒适性上考虑，通常两人会分开睡，房间的功能也有所改变：父母中的一方或者独自在客厅休息，或者和孩子一起，以免打扰到需要早起的另一方，双方轮流照顾孩子，另一方可以补足严重缺乏的睡眠。在这一过程中，房间变得杂乱而无序。

为了帮助父母和孩子能够在晚上睡个安稳觉以恢复精力，如今可以找到很多技巧、训练方法和指导。咨询孩子睡觉问题的家庭越来越多，这反映出当今家庭的困境。找到孩子入睡的好方法，已经成为一项至关重要也非常合理的需求，这有助于我们身心平衡。

充足的睡眠对于我们的身体健康而言至关重要！借助于这些休息时间，我们才能为大脑供应运转所必需的资源，才能让身体恢复能量。

孩子在睡眠时会分泌生长激素。除了促进发育，生长激素还有助于组织和细胞的新陈代谢。催乳素也是在深睡期进行分泌的，其作用是刺激免疫系统。

此外，在胎儿期及出生后最初几个月，睡眠也有助于神经回路的生成和发育。

最后，睡眠有助于其他精神和心理功能的发育，尤其是对日间接收的信息的记忆和整理。

睡眠负债

每一个钟头都很宝贵，养育子女的实际体验可能威胁我们生活的稳定性。当睡眠时间减少时，我们时常会失去耐心，忍耐力会下降，疲惫感席卷全身，要战胜它会愈加艰难。

我们希望至少有一个小时的踏实睡眠，心底里明白我们的睡眠负债比我们愿意承认的更为严重。这个定义本身含有丰富的信息。睡眠负债是理想睡眠时间和每周实际睡眠时间的差值：差值高于60分钟，被称为“睡眠负债”；高于90分钟，被称为“严重睡眠负债”。睡眠负债计算的是最近6到14天的数值，因为身体似乎不再理会14天以前的睡眠负债了。

我可以想象得到，你在计算你的睡眠时数，并且你会意识到孩子出生后，你失去的睡眠时间数值惊人。然而，一听到孩子的哭声，你还是会马上爬起来去照看他。

你无视自己的疲倦，尤其是它对生活的影响。你的身心平衡受到威胁，对个人生活、夫妻生活和职业生活都造成破坏。研究表明[1]，七成以上人的失眠造成他们和配偶以及和孩子之间关系的恶化。你的表现下降，你陷入痛苦的循环。你“奋起直追”，不愿意责备孩子，但是生理状态的失衡不是自己的意志所能控制的，它会缓慢但是不可抗

1 F.-A. Allaert, R. Giet, Journées de neurologie de langue française, Tours, 2-6 avril 2002 ;Rev. Neurol., Paris, 2002.

拒地侵蚀你的精力，让你总是不在状态，破坏你和孩子之间的关系。

2. 夜晚是对孩子的挑战和威胁

埃利奥特已经2岁半了。他出生后一直入睡很困难，似乎在抗拒睡觉。他的父母克里斯泰勒和达米安发现他其实很疲惫，哭闹着、啜泣着、嘟哝着。虽然眼皮在打架，但他就是硬撑着不睡。

每天晚上，夫妻二人都对上床睡觉心存恐惧，这个过程可能会持续几个小时。他们不再有属于自己的晚上，家里的气氛越来越紧张。冲突一触即发，一点小事就可能引起争吵。

埃利奥特的哥哥保罗一直都睡得很好，但是弟弟的一再哭闹开始让他的睡眠变得不规律，致使全家人仰马翻。克里斯泰勒和达米安真的不明白为什么会这样。

埃利奥特一直是一个非常强势的孩子。无论做什么事情都急不可耐，很容易失去耐心。当他搞砸一件事情，而父母没有立即回应，他就会哭起来，有几次还大发脾气。克里斯泰勒认为这个孩子又固执又挑剔，不能忍受挫折，而且每个白天都会制造紧张气氛。

午休时同样入睡困难，埃利奥特只能在妈妈怀里睡着。自出生以来，他总是让人抱着，要求身体上的接触。儿科医生很快就做出肠绞痛的诊断，这让他变得更加易怒，吃饭的时候也会经常发脾气。情况变得非常糟糕。

放松过度的警惕

入睡是孩子的一大挑战。每次，他都要去探索景象不同的夜晚世界，梦境不请自来，噩梦让他恐惧。白天的时候父母离他很远，晚上的时候他更是失去了父母的陪伴。他的意识状态要进行质的改变，才能够逐步使他从白天保持的过度警惕状态中放松下来。他的雷达和控制塔需要休息，信任周围环境，他才能安心地去休息和睡眠。

他在白天经历得太多了，这些事情激发了他仍未成熟的情绪。他时常遭遇各种经历以及由此引起的各种情绪风暴，但是对于这些风暴的剧烈程度，我们不一定总能估计得到。然而，对于他这个小生命来说，每天都是一场探险。他无法向别人说出所有险情，因为他只不过存有短暂的记忆，况且这时候他的头脑中一片翻江倒海。

让我们从他的角度来想一想：我们来到一片丛林，发现一个从未探索过的地方。我们对于这个发现兴奋异常，同时也有着对新事物的恐惧。然而，我们无法分享、讲述和思考其中的意义。我们被这些感受所淹灭，只有让自己平静下来才能入睡。孩子不成熟的大脑无法处理所有这些信息，这一切形成了无法分分钟熄灭的心理激奋。

作为父母，我们希望在自认为应该睡觉的时候，孩子能够爬到床上顺利入睡。就像存在一个按钮，只要按下去，孩子就能改变意识状态，从清醒状态变为睡眠状态。然而，这种能力有赖于微妙的变化，其中存在着某些准则。

个人的变化

总体而言，孩子的成长依赖三大支柱——遗传、环境和经历。在他生活的各个方面，尤其是睡眠方面，都可以找到这三个支柱：他吸取遗传禀赋中包含的信息，与周遭环境和亲身经历进行对照，从而获得成长，并发现世界。理解这个过程中的丰富元素，对于履行父母的职责是非常有必要的。

▶睡得少还是睡得多？

气质和遗传因素决定我们的夜间节奏。近年来，对于睡眠基因的科学研究获得了重要发现。加利福尼亚的一个研究团队发现，在睡眠较少的人身上存在一种被命名为

BHLHE41的基因突变[1]，它可以让人在夜间只睡5个小时就足够了，而且在通宵熬夜后更容易恢复精力。这项研究阐明了作用机制：这种基因突变影响到某些蛋白质，这些蛋白质被认为负责激活两种主要的体内时钟基因Per和Cry。这两种基因被命名为“生物钟基因”，它们决定着我们对日夜的感知：我们需要几个小时睡眠、睡眠周期的长短和身体恢复能力。

这是我们需要考虑的重要差异。这种特殊性在幼儿身上很早就体现出来。我们可以观察孩子的行为机能、他们的夜间睡眠质量和午休质量。要注意，从中班开始，幼儿园的时间安排并不能适合所有孩子，集体生活的制约影响孩子的自然生长节奏，这使很多家长感到焦虑不安。

遗传因素是天生使然，我们除了适应它别无选择，对抗只会失败。然而，这种气质存在一定的年龄限制。这是因为，睡眠的时长和质量因年龄而不同，孩子越小，需要的睡眠越多。

哺乳期的婴儿睡眠周期非常短暂（50—60分钟），2—3岁的幼儿是75分钟，4—5岁的儿童是90分钟（与成年人时长相同）。5岁的时候，孩子每夜有6—7个睡眠周期。根据孩子情绪

1 Renata Pellegrino, Allan I. Pack, et al., «A Novel BHLHE41 Variant is Associated with Short Sleep and Resistance to *Sleep* Deprivation in Humans», *Sleep*, vol. 37, n° 8, 1er août, p. 1327-1336.

状态的不同，每个睡眠周期间隙中的短暂浅睡眠可能转化为清醒，使孩子以及家长的夜间睡眠变得支离破碎。晚间必须多次重新入眠，这样的体验让人非常难受。

▶环境

已经有很多研究阐明了环境在儿童成长中的作用。面对周遭的环境状态，每个人的反应都存在个体差异，这同样适用于睡眠健康领域。

因此，有的孩子能在极为嘈杂的环境中入睡，而有的孩子绝对不可能做到。温度和亮度也是入睡过程中的决定性因素。我们知道，入睡前屏幕光线会影响褪黑素分泌，打乱清醒和睡眠的节奏。所以，一定要注意营造助眠氛围。

▶情绪安全感

孩子的情绪安全感是入睡和夜间睡眠质量的关键因素。如果他感到威胁、危险，或者产生其他破坏他内心安全的感受，睡眠会在第一时间受到影响。这种威胁会排空他一天甚至一星期的“安全感蓄水池”，如果不能立即修复，甚至会耗尽他的情感储备。我们总是很想找出造成这种现象的原因，然而往往找不到确切的原因。首要目标是给孩子安全感，然后才能找出让孩子感到不安全的原因。

对于孩子来说，夜晚会产生生理上不安全的感受。他不知道将在夜里经历什么，如果遇到危险，会不会得到“航空母舰”的接应。他的依恋系统或警报系统被激活，与父母中断联系去探索夜晚世界，这让他感觉受到威胁。他的恐惧感越来越强烈，可能造成惊恐状态。如果认识不到这一点，父母可能认为孩子在任性胡闹，或是肆意破坏我们的睡眠。然而，他绝对不是故意为之，他只是很害怕和需要安慰。

应对措施

▶为孩子的情绪安全感蓄水池蓄水

孩子在白天的互动质量是他入睡质量的首要保障。为了使情绪稳定，孩子需要与依恋对象经常共度专属于他的融洽时光。他需要感受到父母和其他照顾者（祖父母、保姆、幼托机构老师）在其心理上产生的可靠性，从而形成自己的情绪安全感蓄水池。

如果蓄水池是空的，那么孩子会把入睡时间当作为蓄水池蓄水的绝佳时机，他会吸引父母的注意，要求父母陪伴和亲近。这样不免造成时间冲突，因为在紧张地忙碌了一天后，父母只希望在晚上能得到些许缓解。孩子希望抓紧时机在身体和情感上亲近父母，而父母却觉得这时候是睡觉时间。孩子和父母两方面的期望和需求是不一致的，这样就会导致紧张局面的出现。

务必要时常为孩子留出专门时间来分享彼此的情感，这是维持孩子的情感平衡所必不可少的。父母的关注对于埃利奥特来说尤其重要，因为他还有一个哥哥，与他不同，哥哥曾经独享父母的呵护。

在很多家庭，父母都会花很多时间和孩子们一起做游戏，实际上这会造成单个孩子独享的时间变少。大的孩子怀念过去独自享受父母呵护的时光，而小的孩子则因为强烈的需求而对依恋对象过度索取。

■总结

决定怎样陪孩子入睡有一个先决条件，那就是关注孩子白天的感受和经历。本书第133页讲到的“宝贵时光”，就是建议父母安排一个妥当的时间，让孩子感受父母的陪伴所带来的安全感，使我们的“小飞机”补足入睡所需的情绪燃料。

3. 没完没了的睡前仪式

每天晚上，埃利奥特的父母都为他进行一套睡前仪式。他们把电子设备和周围所有视觉刺激源都拿走，营造一个宁静的氛围。他们还在他的房间里放一个小夜灯，把房间的门敞开，但是这些都没有效果。埃利奥特依旧哭闹，要求妈妈一直陪伴他，有时候他也要求爸爸在身边，不过更多的时候他会粗暴地赶走爸爸。这些睡前仪式日复一日变得越来越复杂，埃利奥特每星期都会冒出新想法，他颇费工夫地挑选两个故事来听，但是现在还要听第三个故事。接下来，他要喝奶，还要亲自按下微波炉按钮来加热，然后决定由爸爸还是妈妈来讲故事。再后来，他一定要把玩具熊按照某种方式放在床上。只要有一丁点儿没有遵守仪式，他就会大闹一场，把入睡前这段时间搅得天翻地覆。

为了让埃利奥特更快入睡，也为了保证大儿子保罗的睡眠质量，克里斯泰勒和达米安对埃利奥特的所有要求都照单全收，认为这样做可以让他安静下来。

埃利奥特的状态反映出严重的不安全感。为了减轻内心的紧张感，他采取了控制策略。他要“掌控”睡前仪式，自己制定规则。

他的花样越来越多，父母认为这些是强迫症行为，试图让他安静下来。而实际上，通过对父母的操纵、对个人物品（心爱玩具）的安排以及延长两艘“航空母舰”陪伴的时间，他在努力得到安全感。父母急于满足他的需要以及缩短哄睡时间，非常和善地答应他的要求。然而，这样做非但没有使他安静下来或帮他入睡，反而使他变本加厉，不断提出更多要求，让父母应接不暇，他总是无法在规定时间入睡。

应对措施

在孩子临睡前的这个微妙的过渡阶段，进行一些仪式是非常必要的，可以满足孩子对于一致性、可预测性以及稳定性的需要，这是孩子情绪安全感的来源。然而，具体到埃利奥特身上，他的焦虑并未因为父母的回应而得到抑制。

在并非存心或者任性的情况下，他自创仪式，并且随着焦虑感的增加使仪式越来越复杂。父母在一开始认为，顺着他的想法就可以了，事实却恰好相反。埃利奥特的大脑发育不够成熟，不足以构建使自己得到充分发展的日常生活的框架，他必须依赖父母的安排。作为他的监护者、依赖对象，要帮助他构建一个提供安全感的环境。他们务必要找到对埃利奥特来说具有足够安抚作用的仪式，并为这个睡前仪式确定规则，这是没有商量余地的，哪怕会增加他的不安感。

这个调整过程需要几个步骤。一旦决定，克里斯泰勒和达米安就需要首先对埃利奥特进行解释，然后充满信心、善意，坚决地去落实。

▶限定故事数量

可以在早晨或晚上稍早的时候选定两个故事，不能换成其他故事书，在睡前仪式中不能增加别的故事。

▶让孩子发挥作用

埃利奥特可以继续负责加热牛奶，在这个与父母共度的时间段，他可以保持参与感。

▶父母轮流陪伴

选择爸爸还是妈妈陪他度过睡前时光，这让埃利奥特很苦恼。不仅他感到苦恼，父母也同样如此。不同于父母的想法，这个选择并非取决于埃利奥特对爸爸或妈妈的爱。

因为埃利奥特每次都需要她来陪睡，所以克里斯泰勒感到很累，不过她觉得如果她不陪着的话，埃利奥特是不会顺利入睡的。达米安感到自己遭到了排斥和拒绝，尽管他并未说出口，或者只是轻描淡写，但孩子的态度仍然让他感到寒心。他很渴望与儿子融洽相处，但是自己作为父亲的能力却遭到怀疑。看到妻子越来越疲惫，他也很想减轻妻子的负担，却不知道如何帮忙。

可以向孩子建议，全家一起制定一份“宝宝睡觉日程表”，上午就要在这张表格上贴好陪他入睡的爸爸或妈妈的照片。由克里斯泰勒和达米安决定他们各自的陪睡规律：隔一天陪一次、隔两天陪一次，等等。埃利奥特不能干预父母的安排。到了晚上，他知道今天由谁来陪睡，不会再商量。只要有一次例外，埃利奥特就会觉得他可以重新掌握入睡仪式，再次滋生无法预测感和不安全感。

▶拒绝讨价还价

在安排入睡仪式的时候，埃利奥特可以决定玩具放在哪里，但是不能再增加仪式的额外步骤。

必须让埃利奥特认识到，父母在夜间会抽出时间陪他，这是一段分享和平静的时光，不能没完没了地讨价还价，唯一的目的是尽快入睡。

■总结

入睡仪式对孩子来说是一个过渡时段，埃利奥特必须在这段时间内从白天的过度兴奋转变为平静状态，以便入睡。要想顺利实现过渡，情绪稳定最为重要。

他需要父母的帮助才能做到这一点，所以在

敷衍了事和冗长无度之间，克里斯泰勒和达米安必须找到折中的方式，与孩子共同打造一段心无旁骛的时光，接纳儿子的焦虑情绪，同时在讲明原则的基础上，用具有引导性的话语来安抚孩子，向他表明可以依赖父母求得平静。

4. 需要身体接触才能入睡

入睡仪式结束后，埃利奥特只有身体靠着妈妈才能入睡。妈妈一离开，埃利奥特就开始哭泣抗议，一个漫长的夜晚就此展开。埃利奥特一刻不停地守着，就好像值勤的塔台，不让妈妈离开他的视线。母亲出差的时候，达米安晚上陪着他，埃利奥特不敢那样抗议了。

几乎每天晚上，克里斯泰勒都和埃利奥特一起躺在床上，过一会儿等他略微放松警惕，她就小心翼翼地一点一点挪动身子，生怕搞砸了。这个过程持续很长时间。等到埃利奥特睡熟，她就会轻轻起身，悄悄走出房间。幸好屋里没有嘎吱作响的木地板，否则一切都要从头再来。达米安在客厅等着，他已经牢骚满腹，不再指望妻子回房间睡觉。两口子身心俱疲，不再拥有过去那样频繁的浪漫和温柔的时光。

克里斯泰勒和达米安希望埃利奥特很快可以自己入睡。几个月前他们尝试让埃利奥特在自己的房间哭泣5分钟、10分钟直至15分钟而不理会，但是这样做不符合他们的教育观念，于是很快便放弃了。

▶肌肤接触带来的安慰

埃利奥特总是需要身体接触才能入睡。以前，他倚靠着妈妈的胸口，只要吃一次奶就很容易入睡。克里斯泰勒不再哺乳后，入睡仪式越来越复杂，埃利奥特的要求似乎越来越苛刻。

对孩子来说，肌肤接触是极好的安慰。靠着触感的连接，孩子终于关闭自身的依恋系统而且减少了焦虑感。他终于放下心来，绝不愿意拿世界上的任何东西来交换这笔财富。蜷缩在让他感到如此安心的依恋对象的臂弯里，这是怎样一种宽慰！“航空母舰”的甲板稳如磐石。能够得到身体上的亲近，埃利奥特心满意足。他的想法很简单，只要可以依赖妈妈或爸爸，他不需要寻找其他方法。父母对此感到痛苦万分，但是在孩子的安全感需求面前，父母的不满、家庭的失序都显得没那么重要。克里斯泰勒和达米安多次尝试告诉孩子他们有多累，还让他看保罗这个入睡很快的榜样。超出忍耐极限的父母甚至对他说，和他在一起他们感觉不到多少快乐。

埃利奥特听不进去这些道理，因为对安全感和安慰的需要在他内心的天平上分量很重。与父母的身体亲近，使他的内心非常平静，他白天在托儿所里十分想念克里斯泰勒。

应对措施

埃利奥特无法独自度过这个阶段。身体亲近带来的安慰如此强烈，使他欲罢不能。和睡前仪式一样，父母要在这个过程中引导他。到了2岁半，他已拥有足够的自主性，父母可以协助他度过这个阶段。事实上，在12—18个月的时候，孩子就开始调动自身能力寻求情绪平衡，从白天蓄满水的安全感蓄水池中汲取能量。一定不要忘记，黑夜的降临让孩子感到非常不安，他的哭闹不是任性，而是在表达严重的恐惧感。任由他哭泣5分钟、10分钟直至15分钟，就是在告诉他，不能在一遇险的时候就指望自己的“航空母舰”，他要学会独自面对。这违背了父母的意愿，他们本来希望给孩子一切可能，让他在对他人和自我的信任中获得充分的发展。

这个引领埃利奥特发现独立自主新支柱的阶段，是为他的未来进行奠基。父母在这一过程中负有全部责任。对于克里斯泰勒和达米安来说，关键在于不要因为不能满足儿子的所有欲望而感到愧疚，要明白他们是在鼓励孩子探索自身的财富，是在培养孩子面对未来人生的能力。这个过渡期应该循序渐进。

在给孩子安全感的限定仪式后，是身体亲近的时间。对于孩子来说，这段时间必不可少。父母一定要尊重这段时间，但仍要限制时长。

▶限定时长

父母一旦下定决心，就要舒舒服服地和埃利奥特待在一起，平静而充实地共度这段身体亲近的时光。克里斯泰勒觉得这段时间很难结束，因为她害怕如果不让埃利奥特躺在臂弯里，他会感到难过。

在陪伴孩子前，要确定这段温存时间的长度。可以使用指针闹钟，让孩子自己查看剩余时间。确定的时间不能过短，只有几分钟不够让埃利奥特安静下来；也不能过长，不可能两个人依偎在一起一个小时。作为父母的你们要相信自己的感觉，估算这段时间需要多久。

▶设立循序渐进的阶段

这段温存时间过后，父母和孩子应该改变亲近的方式。克里斯泰勒可以在埃利奥特床边放置一张舒适的沙发，坐在上面握着他的手，说一些鼓励和安慰的话。同样，克里斯泰勒可以用闹钟来计时。

过一段时间，她可以把儿子的手放下，但仍然在埃利奥特的房间坐着，直到他入睡。这一阶段似乎没什么作用，而且过于漫长，但必不可少，这是在向埃利奥特表明他可以获得母亲的陪伴，却不能依赖母亲的身体亲近。其实，身体的接触无法使他调动自身的能力。他只能直接挨着妈妈才能入睡，如果夜间醒来也要摸到妈妈。在当前这个阶段，克里斯泰勒告诉孩子，他可以依靠自己的“航空母舰”，在进入神秘夜晚的不安时刻，她就陪伴在他身边，然而他也能够凭借内在的力量顺利进入梦乡。

在几个星期内，每个循序渐进的阶段逐渐缩短，埃利奥特终于可以独自入睡了。不过，一定不能操之过急，哪怕夫妻两人很想享受一点亲密时光。过于急躁会激发孩子的不安全感，只能从头再来。

■总结

保持身体上的接触，看似是对孩子的恰当回应，但是当时机到来的时候（这和孩子的年龄有关），一定要引导他探索自身能力。他无法独自完成探索，需要依靠父母的帮助。在相互信任的基础上，孩子和父母将共同前行。因此，在这个过程中，克里斯泰勒要向埃利奥特表明，她信任他调控自身情绪的能力，他不需要依赖和妈妈的身体接触。这是埃利奥特人生道路上的重要一课。

5. 夜醒

埃利奥特终于睡着了……但是能睡多久？克里斯泰勒和达米安心里明白，也很忐忑，埃利奥特会频繁夜醒。儿科医生告诉他们，在每个睡眠周期之间存在所谓的短暂浅睡，这种短暂浅睡可能转为清醒，之后只能重新进行入睡过程。

克里斯泰勒很困倦，只能接受埃利奥特在深夜来她和达米安的床上睡觉。她多次尝试在儿子的房间铺一张床垫，自己在那里睡觉。但是，那里既不舒服，她也休息不好，最终只能让埃利奥特换房间睡觉。

达米安也束手无策，在晚上只好让克里斯泰勒一个人管儿子。他知道这让妻子很累，但又能怎样呢？他的手忙脚乱似乎越来越不符合妻子和小儿子的期待，这让他深感受伤，也让他觉得小儿子一定不喜欢他。因为要早起上班，所以他选择到客厅里睡沙发，这个办法看起来不算糟糕。几个月以来，甚至埃利奥特出生以来的几年间，夫妻之间已经没有共处和温存的时间了，更不用说更私密的生活了。达米安把更多的精力放在工作上，得到很多满足感。他很清楚自己在远离小家庭，也远离了保罗，他甚至觉得自己没有足够的能力照顾两个儿子。

克里斯泰勒也因为没有把时间和精力花在温和乖巧的保罗身上而责备自己。保罗似乎对妈妈很宽容，在弟弟面前没有什么存在感。他在很小的时候就适应了全家围着埃利奥特转的状况。埃利奥特患有湿疹，需要很多照顾。克里斯泰勒到处寻找办法，用了很多医生开的方子。她还为自己的工作前景担心。她曾经对工作非常认真和投入，现在却无法符合老板的要求，被认为工作成绩没有达到期望。她也没有时间收拾房间，把时间都花在安慰和抱怨埃利奥特上面，开始受不了他了。她很不喜欢自己这种对孩子放任不管的态度，她是深爱孩子的，但是他的哭闹、不断的索取和苛求让她再也无法忍受。至于各种计划和出游安排，她早就在上面打上红叉，任何计划都不可能实现。

总的来说，每个人都睡得马马虎虎，家里笼罩着一种忧愁和紧张的气氛。夫妻两人把履行父母的职责置于夫妻关系之上，以至于两人之间出现了裂痕。只有保罗睡在自己的房间里，克里斯泰勒在两个卧室之间穿梭，丈夫已经不在卧室睡觉了，埃利奥特的卧室变成令人紧张和恐惧的地方。

应对措施

为了让埃利奥特睡好而不惜任何代价，导致全家一片混乱。能否解决埃利奥特的睡眠问题成为小家庭能否正常运转的决定性因素。尽管最后埃利奥特的各种欲望和苛求得到了满足，但效果仍然不尽人意。

问题出在哪里？埃利奥特的要求绝非源于一时兴起或过分的欲望，而是源于求助和获得安全感的需要。而父母对他众多期待的回应非但没有使他感到安慰，反而使他更加焦虑不安。他感受不到界限和规则，不能获得倚靠从而走向独立自主。因此，选择权在孩子自己身上，然而他还不能承担这份责任。结果只能是加剧他的不安和焦虑。恶性循环就此形成，这让家里每个人都痛苦不堪。

如今，很多家庭都出现了这样的场景。全家人齐心协力建设美好家庭的那份快乐消失殆尽，取而代之的是各种冲突和紧张，有时甚至是家庭破裂。痛苦如期而至，取代了一开始那份营造和谐向上氛围的快乐。快乐消失了，压力加剧了，大量误解出现了，这就是很多夫妻不可避免地走向分手的原因。

为了避免这样的结局，要进行循序渐进的调整。那么，从哪里着手呢？

▶营造一天当中的“宝贵时光”

我们已经看到，夜晚是孩子最焦虑的时间段之一。因此，一定要重视白天如何度过。营造“宝贵时光”是调整的关键之一。

▶恢复父母两人各自的职责

我们已经谈过这样的情形，到了入睡时间，达米安要夺回自己的位置，不要因为埃利奥特的拒绝而停步不前，不要把儿子的每个字都当真。他要明白，埃利奥特说出来的话并不代表不喜欢或感情上的拒绝。克里斯泰勒一直在埃利奥特身边，现如今对他来说，在入睡的时候，妈妈代表着比爸爸更多的安全感。这只不过是因为埃利奥特并没有很多和爸爸一起入睡的体验，从而无法感受爸爸带来的安全感。

和埃利奥特完成睡前仪式的人，是在上午由夫妻两人决定并且体现在“宝宝睡觉日程表”上的，这个决定没有商量的余地，若这个人是达米安，那这将成为父子之间新的共享时光的起点。

克里斯泰勒要对达米安有信心，不要干预，哪怕孩子会在此期间发生哭闹。这对妈妈来说是很难的，但是她要温柔而坚定地告诉埃利奥特，今天晚上由爸爸来保护（这个字眼恰如其分）他，她对爸爸很有信心。对夫妻两人来说，最初几个晚上一定过得很不容易，但是两人团结一致、表达共同的决心，对埃利奥特来说是极大的安慰，他在这一安排中看到了可预见性，这是他的安全感中不可缺少的一部分。达米安可以在此过程中创造属于自己的表达方式，一步步恢复自己作为父亲的职责。他将感到自己能够减轻妻子的负担，克里斯泰勒可以放心地躲在一旁，把接力棒交给丈夫。

▶准备应付紧急情况的床铺

埃利奥特在夜间醒来时大哭，他无法在远离父母的情况下独自入睡。这是正常现象，孩子会在夜里感到极度的孤独和恐惧，甚至可能受到惊吓。如果发现父母在近旁，他会感到安慰。有时候他要花一些时间才能关闭自身的警报系统。一时之间他没有其他方式可以得到安慰，使自己镇静。若妈妈在他的房间的一张小床上睡觉，他就能入睡；若妈妈不在，他便难以抵御父母房间的诱惑。独自一人，他无法找到使自己安心的内在情感平衡。仿佛来自内部的命令，自身恐惧调节系统要求他靠近自己的“航空母舰”。因此，父母不得不和孩子一起睡觉。该如何破解这个难题呢？

克里斯泰勒和达米安——他们已经重新回到自己的房间睡觉——要把安放应急床铺的想法告诉埃利奥特。他们会在房间里放一张区别于固定床铺的小小的加床，每天早上会收起来，晚上再铺好。他不能指望在这张床上睡得很舒服，这只是父母应付他夜间焦虑的临时措施。

克里斯泰勒和达米安要告诉埃利奥特，他们知道他很害怕黑夜，也知道只有父母的陪伴能安慰他，因此，允许他来他们的房间。不过，他们要明白地告诉埃利奥特，他不能在父母的床上睡觉，那是父母的私密空间，唯一的例外是周末早上他可以和父母在大床上亲昵片刻。针对孩子怕黑的情况，他们需拿出具体的措施：埃利奥特可以靠近自己的“航空母舰”，但要避免身体接触。他每天晚上要循序渐进地发现自身的能力，从而可以独自入睡。这样一个渐进策略最终可以使埃利奥特在夜间醒来时不必再去父母的房间睡觉。

或许这个办法让你不太放心，你不希望自己的卧室在数年间变成宿舍，孩子最后变成了“唐吉”式的啃老族。不过，众多应用渐进策略的家庭都取得了很好的效果。

在向孩子提出这样的建议时，父母其实是在回应孩子的夜间恐惧，以及他无法抑制的降落甲板的需求。在这种情况下，把孩子关在他的房间里或者任由他哭闹，只能增加他的不安。不过，他也无法得到身体接触这个最好的安慰。他要在知道依恋对象陪伴于近处的情况下，调动自身能力实现独自入睡。几个星期之后，他便能够在自己的房间重新入睡，因为他那时候已经有成功独自入睡的体验了，那时便可以把应急床铺束之高阁了。遇到让孩子产生更严重的恐惧和焦虑的情况，比如入学，应急床铺就可以再次派上用场。

■总结

夜晚是寻求平静和恢复精力的时候。当这段时间变成噩梦，加重的压力和疲惫会让人变得焦躁易怒。此种情况下，作为父母，我们的“照顾能力”消退，我们失去了判断力以及统摄全局的能力。希望孩子自己找到平静下来的方法，这样的期待注定落空，因为他是无法自己做到的。为此，父母要担起调整家庭关系的责任，两人要互相支持以实现目标。尤其是在开始的时候，孩子会反抗，会失去自控力，因为这种调整非但无法安慰他，还会增加他的不安。

父母两人的团结、协调一致和可预见性，就是孩子乃至整个家庭走出混乱的希望。在这一过程中，每个人都要坚守自己的位置，共同塑造新的关系。

6. 所有孩子睡在一个房间，还是每个孩子一个房间？

克里斯泰勒和达米安发现，保罗在场会让弟弟十分有安全感。他们虽然时常争吵，但是总体上很融洽。克里斯泰勒非常关心保罗的睡眠质量，尽量不让他受到埃利奥特哭闹的影响。不过，她有时也会考虑是否可以把埃利奥特放在哥哥的房间里。然而，这样做是不是对保罗太过分了？毕竟他已经承受了很多。

应对措施

在进行家庭关系调整的过程中，确实可以考虑这个方案。不过，父母一定要和保罗商量，以确保他享有一定的私密空间和优待，尤其是享有和父母独处的时间——几个月来这样的时间变少了。其实，哥哥或姐姐成为弟弟妹妹的次要依恋对象，带着他们一起游戏和探索，这种情况并不少见。让他们睡在一个房间里是可行的，这不失为一个好方案。埃利奥特会感到哥哥在场是一种安全保障，当然保罗并不会取代父母的角色，因为角色分工是非常明确的。在此期间，父母要时刻关注保罗的感受，确保他做自己的年龄应该做的事情，不要过度发挥他作为依恋对象和保护弟弟的作用。

住宅的空间配置也是一个重要方面。埃利奥特在夜间感到恐惧，说明的确应该让他更容易接近父母。如果孩子和父母的房间处在不同的楼层，那么孩子想要接近父母会变得更加困难，从而加剧焦虑感。

■总结

家庭动力学是一套复杂体系，诸多要素在其中发挥作用。这是一种需要耐心打磨的微妙平衡，遵循每个个体乃至整个嬗变中的家庭的成长过程。调整睡眠是其中的重要构成因素，请务必予以特别关注。夜间的睡眠紊乱会造成严重而深远的影响。

7. 备受争议的安抚奶嘴

克里斯泰勒的夜晚又被埃利奥特的夜醒打扰：埃利奥特丢了安抚奶嘴。她想让埃利奥特放弃奶嘴，但是面对儿子不断的哭闹，她还是起来寻找，最后在浴室的箩筐底下找到一只奶嘴，毫无疑问是圣诞老人落在那里的！克里斯泰勒虽然非常希望埃利奥特能摆脱他放不下的安抚奶嘴，但是她也发现奶嘴能让儿子保持平静，就像婴儿车的晃动发挥的作用一样。她让步了，把奶嘴给了儿子，但是很担心他入园的时候不能继续使用安抚奶嘴。

应对措施

当孩子哭闹不停的时候，备受争议的安抚奶嘴对于父母和幼小的孩子而言都是一种安慰，但是它也让父母产生了不少疑问。什么时候把它拿走？能否强迫孩子放弃它？他能自己放弃吗？吮吸手指是更好的办法吗？

吮吸满足孩子的生理需求，为他制造安慰感。凭借这种自我刺激（autostimulation），孩子可以独自获得安全感，使自己平静下来。婴儿车的晃动以及孩子睡觉时的摇晃，对有些孩子能起到类似作用。如果对孩子效果明显，就应该让孩子使用安抚奶嘴。父母因为觉得孩子已经长大了而蛮横地拿走他的奶嘴，会让孩子感到非常难受，他不得不寻找别的办法让自己平静下来。这可不容易做到，孩子可能会因此变得易怒和焦虑。

更可取的方式是允许孩子更合理地使用安抚奶嘴，即允许孩子在最感不安的时候使用，例如入睡时或者夜间。

父母可以在床边放一个安抚奶嘴盒子，白天把奶嘴放进去，晚上再拿出来。

8. 父母中的一人经常不在家

克里斯泰勒在一家大型公司担任销售主管。她需要经常出差，因此，她非常担心自己不在家时埃利奥特的睡眠质量会受到影响，尤其是达米安说她不在的时候儿子夜间醒来更加频繁。她试着告诉孩子，妈妈会很快回来，在妈妈回家之前他要睡几次觉，但是这样似乎并不能让他感到安心。

父母中的一方经常而且不规律地不在家，会给孩子带来巨大的不安全感。这种情况导致孩子更加频繁地夜醒，他会在晚上不停地查看父母是否在身边。在这些时候，构建安全感的可预见性和协调性不复存在。并不是分离本身让埃利奥特感到不安，他早就习惯了分别和重逢。造成他不断醒来的原因在于，他发现自己的“航空母舰”无法在他需要的时候提供安慰和保护。没错，爸爸虽然在身边陪着，但是还不能满足孩子夜间的需要，因此孩子的警报系统更加依赖妈妈而不是爸爸。在这类情况中，可以看到调整分配两个依恋对象在夜间的陪伴是多么重要。

应对措施

▶对孩子来说时间是抽象的

克里斯泰勒没有必要在出差前几天告知埃利奥特。他还不能理解时间，像他这么大的孩子还不能对“几天”形成概念。过早告诉他，会使他惴惴不安，对即将发生的事情念念不忘，对父母提出更多要求。

告诉他需要睡几觉也一样让埃利奥特感到困惑，不过我们习惯告诉孩子：“睡两觉之后我就回来啦。”

▶给孩子可见的标记

想要让孩子听进去父母的话，最好运用一些可视化标记。

如果你在准备睡前仪式的过程中已经制作了“宝宝睡觉日程表”，只需要增加一张妈妈在旅程中的照片来表示晚上睡觉时她不在家。

宝宝睡觉日程表是让孩子通过可视化标记与家庭环境的变化在时间上保持一致。日程表要让孩子看到，可以放在他的房间。不能使用对孩子而言过于抽象的颜色之类的标志，比如妈妈在家的时候贴黄色小圆片，妈妈不在的时候贴红色小圆片。孩子还不能发现两种元素之间的联系。

我还想到有些单亲家庭的孩子，他们的时间安排必然变化不定，在这样的情况下一定要使用照片。举例来说，如果孩子知道妈妈在出差而且知道妈妈是坐火车出差的，那么可以用火车的照片来表示。可以发挥你的创造力，比如可以用一张妈妈在家的照片代表妈妈回家。

■总结

我们的时间安排发生波动，这是正常现象。如今的生活并不是一成不变的，我们也无法让孩子幸免于此。面对生活的变幻莫测，过度保护孩子也不是恰当选择。很多父母试图让孩子避免受到生活变化的波及，以免他伤心难过。然而，也有很多父母把培养孩子的独立性当作教育规划中的头等大事。因此，要想让孩子凭借自身的能力承受住生活的风雨，就必须让他在依恋对象的陪伴下学习和经历那些“不如意”，让他感悟到他能够坚持下来，甚至从中受益。与父母的分离也是其中一部分。

9. 孩子在别人家睡得更香

埃利奥特的睡眠障碍不仅发生在晚上，也发生在午休时候，至少和父母在一起时是这样的。三个半月以来，埃利奥特被托付给一个保姆照顾，她告诉克里斯泰勒，孩子在她家里睡觉没有任何问题，没有太多抗议就同意午睡，能睡一个小时甚至更长时间。听到这样的话时，克里斯泰勒感到困惑不解，这是她和达米安不敢想象的，他们多么希望孩子能睡个午觉，让他们在白天可以缓一口气。但是，他们到底“做了什么”还是“没有做好什么”，导致埃利奥特无法在自己家睡好觉？

应对措施

似乎一到别人家，什么事情都变得很容易。在保姆家、在祖父母家，埃利奥特不怎么哭闹就能入睡。克里斯泰勒和达米安听到这样的消息感到难以接受并心存愧疚。他们总觉得自己做得不对，孩子在家里的表现，责任在于自己。然而，这个结论下得过于仓促，并不符合孩子的真实感受。其实，埃利奥特对父母——他的主要依恋对象——所抱有的期待，相比于他对次要依恋对象的期待，存在质的不同。

他渴望和父母一起度过更长时间，因为他们的目光和关心在他的身上产生了关键和决定性的作用。他和父母在情感上的亲近，从根本上促进了他的成长和个性形成。他和父母之间的高质量互动，可以教给他很多东西。他体会到与父母相伴的好处，睡眠并不是他和父母在一起最想做的事情。埃利奥特的行为，在这种特殊情况下，并非是对抗父母，而是希望延长共享的时光。

在这一点上，父母的期待和他是存在偏差的，他们的理解可能较为负面，而对埃利奥特来说，父母对他有一种强烈的吸引力。

■总结

成年人的想法、我们对教导子女的期待以及对控制局面的希望，往往使我们误解孩子的行为。

我们把成年人的视角和想法投射在孩子的行为上，试图破解他们的一些做法。所以，我们要小心避免陷入类似的模式中，忽视孩子思维的特殊性，要知道他们的大脑还不够成熟，与我们的思维方式并不相同。在上面这个案例中，克里斯泰勒和达米安认定埃利奥特是故意破坏午间和夜间的睡眠，因为他是个不好管的孩子。埃利奥特只是想向他们表达自己多么想和他们待在一起，从他们那里得到安全感和陪伴，这是他的成长所需要的。两方面的看法有时候是不一致的，因此造成很多紧张局面。

案例四

我行我素的
艾丽斯

孩子受制于周围环境，他们似乎没有什么办法影响环境。因此，他们有时候显得十分痛苦，这是正常的。看到他们的慌乱，大人无须过于担心。

1. 为了让孩子遵守规则，父母必须树立权威吗？

“我家有个4岁半的小叛逆，”艾丽斯的妈妈抱怨道，“这个小家伙已经开始在家里和游乐场里发号施令了。”

无法树立起权威，是很多父母都提到的问题。他们绝不愿意让自己的孩子再经历一次自己童年时期遭受的专横对待，这种专衡对待使他们屈服，甚至有一种被压迫感。然而，如果不采用专制的方式，又该如何为孩子制定规矩，并且让孩子遵守和谐的社会生活的规则？

对于家庭这样一个共同体来说，打造一套全新的吸纳新式教育原则的运行体系，是一件非常不容易的事情。有些家庭甚至谈虎色变，把父母权威视为过于僵化和不尊重孩子的教育枷锁。过去几十年，人们把孩子捧到新的地位上，不再把孩子看作“不会思考和没有接受能力的幼体”。孩子被认为是个性化的存在，天生具有各种能力和感觉，这些能力和感觉使之具有宝贵的敏感性和值得重视的脆弱性。因此，不应把孩子视为温驯的、服从大人一切命令的小动物。

然而，当孩子表达自己的想法和愿望，但是这些想法和愿望不符合父母的期待时，如何表示反对？通过怎样的态度和言辞来告诉他，有些行为是不被容许的？

惩罚、威吓、处分：都已被束之高阁？

在这方面，有些父母表示不希望继续使用曾经伴随自己童年的那些方法——“惩罚”“威吓”“处分”或者“体罚”。那么，父母或更广泛意义上的教育者，怎样才能让孩子意识到要对自我行为负责任呢？类似问题让当今的教育更加复杂。除了上述父母的新型认知，孩子以及他们的行为机能也发生了一些变化。各领域大量涌现的新思潮告诉我们，孩子会改变自己并适应环境。说到底，这是一种颇具进化论色彩的观点。无论是“水晶儿童”还是“靛蓝儿童”[1]，有人把他们统一冠名为“当代儿童”[2]，有人指出当今儿童的特性[3]，还有人探讨嬗变中的儿童[4]。然而，当今儿童的特点究竟是什么，又是什么使祖父母辈中的很多人对当今的教育原则充满疑虑？

---

1 水晶儿童、靛蓝儿童是根据内在意识和外在能力特征对儿童所做的分类。水晶儿童倾向于爱、和平、和谐，靛蓝儿童则倾向于怀疑和改变世界。参考链接：https://www.ame-spirituelle.com/enfant-cristal-enfant-indigo/ ——译者注

2 Marie-Françoise Neveu, *Les Enfants « actuels ». Le grand défi "cerveau droit" dans un univers "cerveau gauche"*, Exergue, 2006.

3 Pierre Delion, *Le développement de l'enfant expliqué aux enfants d'aujourd'hui*, Éres, 2013.

4 Jean-Paul Gaillard, *Enfants et adolescents en mutation. Mode d'emploi pour les parents, éducateurs, enseignants et thérapeutes*, ESF, 2020.

当今儿童的思维方式似乎发生了转变，原因在于他们的意识发生了变化，对人生具有新的视角。垂直等级对他们来说毫无意义。除了缄口不言，年轻并没有赋予他们任何权利，尊重这样的规则对他们来说是没有任何意义的。置身于更加扁平的组织中，他们积极思考伦理及平等问题。涉及父母权威等教育问题时，我们遇到了挑战。

艾丽斯现在4岁半，9月份已进入幼儿园中班。她的弟弟西蒙现在1周岁。他出生后因为生病住了3个月医院。在那段时间，艾丽斯基本上由祖母照顾。

在她还小的时候，父母科琳娜和樊尚就知道女儿具有强势又鲜明的性格。她说话总是带着一股霸道，不接受反对意见，父母有时候把她比作“家里的小霸王”。为了达到他们的目的而无休无止地和她讨价还价，这让他们感到十分疲惫。不管他们做什么，女儿都反对，这已经成了惯例。这几个月来，艾丽斯变得更加咄咄逼人，总是觉得自己有理，自己的想法最重要。在她的笃定固执面前，父母有时候竟然理屈词穷。

在迎接孩子到来的过程中，他们耗费很多时间讨论过希望用什么样的教育原则来对待孩子。他们一致同意绝不复制老一辈的教育方式，但是贯彻这样的想法被证明比想象中要难得多，尤其在面对艾丽斯的倔强甚至固执的性格时。家里的气氛变得难以忍受，科琳娜和樊尚如坠噩梦！艾丽斯不断制造麻烦，脾气一次比一次大，还把东西往地上砸。几个星期前，她甚至开始动手打科琳娜。父母尽量保持平静和宽容，避免对孩子发脾气，但是没有一点用处。虽说女儿哭闹得非常厉害，然而，女儿发脾气的原因在他们看来不值一提。本来父母已经习惯了被女儿的这种性格反复击打，但是几个月以来，她的行为似乎变本加厉，更加难以控制。艾丽斯和她的哭闹统治了全家。她一爆发，家里别的事情都得搁下。

父母试过许多办法：讲道理、说好话、批评训斥，甚至很不情愿地违背自己的教育理念对女儿进行惩罚。但都没有效果，艾丽斯依然我行我素，脾气甚至更大了。

▶时刻准备迎接战斗

科琳娜和樊尚曾经幻想和女儿其乐融融，相互亲昵、一起出门游玩、共同探索……这一切都没有发生。他们如今和女儿互相较劲，随时随地都可能爆发战斗，陪伴的快乐变成对突发情况的恐惧。艾丽斯去祖父母家的时候，科琳娜和樊尚感到一阵轻松，仿佛在令人窒息的生活中喘了一口气。他们还感到对西蒙有所忽视，这个安静的孩子需要更多关注。刚一出生，他就因为并发症而身体虚弱，现在又要忍受姐姐的脾气。艾丽斯在家里占据着重要位置，她似乎很满足父母在她身上花费的时间和给予她的照顾。父母感到十分不满，艾丽斯的脾气越来越大，哭闹越来越多，让他们的人生计划化为泡影，仿佛做了一场不可能实现的美梦。女儿突然发脾气，父母也压不住自己的嗓门，家里充满了这种景象的恐怖气氛。特别是当科琳娜一个人在家带孩子的时候，她感到自己完全不受控制，不知道该怎么面对，她无法理解女儿。尤其是，她和樊尚会花很多时间倾听女儿说话，关注她的需要，耐心讲道理，激发她的责任感，把很多选择权交给她，他们表达对她的信任，把她当作有担当的一员。当艾丽斯大喊大叫的时候，他们甚至开始担心邻居们会怎么想。

2. 破译水下的冰山

艾丽斯在精神上和心理上到底发生了什么，导致她做出上述行为？如果不进行必要的解读，就很难理解她发出的信号。

科琳娜和樊尚只看到艾丽斯这座冰山浮出水面的部分——乱发脾气、哭喊、要求苛刻、无法相处，甚至霸道无理，他们只能以排斥、拒绝甚至麻木的态度回应。艾丽斯的挑衅和反抗并没有表达想要融洽相处，得到父母身体和心理上的亲近的愿望，他们如何采取不同的回应方式呢？她变得目空一切，答话也没好气。近几个星期，她甚至言语粗俗，露出得意扬扬和放肆无礼的神色。他们的宝贝女儿艾丽斯变了。

然而，艾丽斯这座冰山的水下部分隐藏着什么？怎样的机制导致她出现这些行为？

添了弟弟妹妹之后，孩子要重新找到自己的地位

其实艾丽斯心里很害怕，然而，她如此冷酷无情和放肆无礼的表现并不能真正表达自己的恐惧，她害怕的是失去小时候自己和父母在心灵上的那种亲近感。那时候，她感到自己被父母捧到掌心里，倍加呵护。她曾经是“航空母舰”甲板上唯一的“小飞机”，这是家中老大的特权。

或许可以因此认为艾丽斯嫉妒弟弟西蒙，但其实这更像是家庭内部的一种孩子之间的竞争。就算西蒙是个女孩，具有另一种性格，结果也不会改变。如果认为她抱有嫉妒心，那么她的所作所为就会故意针对西蒙。然而，事实并非如此。她更多的是对于失去父母的关注和关心的一

种本能而模糊的恐惧。换句话说，艾丽斯不是对西蒙有什么不满，而是深恐失去父母对自己的关注。西蒙住院的那段时间，对艾丽斯来说非常漫长。对于科琳娜和樊尚来说，女儿是安全的，受到祖母的疼爱，但是对于艾丽斯来说，西蒙已经后来居上，独占了爸妈的一切。她的生活全变了，她被迫在另一个家庭生活了几个星期，基本上见不到爸爸妈妈。后来，西蒙回家了，她也和家人重聚了，但是她有了新地位。科琳娜和樊尚告诉女儿，她已经长大了，要做个榜样。但是，这样说完全没有意义，3岁的艾丽斯觉得自己还小，不情愿接受新的角色。她对祖母说："做好榜样，那是大孩子的事情。"

通过过度索取获得自己的存在感

艾丽斯非常害怕，她将恐惧转变为主动出击，因为她不知道怎样向父母表述和传达这种恐惧感。

她或许应该选择"隐身策略"或是"独自承受"，做一个主动让位的榜样，这样会让家里的氛围大为好转。但是，那些愿意默默承受的孩子仍然无法消除内心的恐惧感，他们体内的压力荷尔蒙——皮质醇指数——可以显现内在的痛苦。

艾丽斯选择了过度索取的方式。最开始，她不断恳求父母和她一起玩。但是，哪怕在西蒙出生以前，科琳娜和樊尚也无法次次满足艾丽斯的要求。他们尽量每天陪伴女儿，但是无奈工作、家务繁忙。他们尽力而为也很难满足艾丽斯，她总是得寸进尺。不久后，科琳娜怀上了西蒙。科琳娜和樊尚竭力想让艾丽斯接受这件家庭大事。艾丽斯常常对着科琳娜的肚子讲话，似乎并不反感这个即将出生的宝宝。西蒙一出生，她就表现出对弟弟的喜欢并对他倍加呵护。家里的气氛是一点点变差的，这也感染了夫妻二人的情绪。一边担心西蒙的出生让艾丽斯受委屈，一边西蒙又出现了严重的健康问题，科琳娜感到困难重重。她时常一筹莫展，既不知道该如何安慰艾丽斯，也因为不得不全身心照看西蒙而感到精疲力竭。她已经顾不上自己的心理状态。樊尚尽其所能帮助妻子，不过他要返回工作岗位，只得丢下科琳娜一个人。幸好科琳娜的母亲陪着她，这对小家庭的支持很大。

如今，科琳娜和樊尚心力交瘁。他们深爱艾丽斯，但再也无法忍受她的行为。他们甚至对女儿生出怨恨，虽然他们看过很多资料，知道女儿并不是有意为之。

他们该怎么“反制”？该采取怎样的态度？怎样安抚艾丽斯，控制她的情绪发作？

应对措施

必须针对冰山浮出水面和未浮出水面的两部分分别制定应对措施。单一的应对等于没有应对。科琳娜和樊尚要是下决心回应“冰山浮出水面部分”的行为，他们就要像已经开始着手的那样采取威压态度，哪怕这种态度因违背他们的教育理念而让他们难以接受。不过，在对艾丽斯的行为已经无法忍耐的情况下，还有没有别的应对方式？或许他们可以尝试解释每次事件的缘由，说明每个行为的影响。可局限在于艾丽斯虽然可以了解到自己的行为所导致的结果，却不能发现行为和结果之间的联系。接下来，发生了那些习以为常的情绪爆发。樊尚的性格较为冲动，对艾丽斯的每项挑衅一一予以回击。爸爸的语气强硬起来，艾丽斯也寸步不让。争吵夹杂着喊叫弥漫整个屋子，让人痛苦地感到，为了对付这个像是在经历青春期叛逆的小女孩，要不惜任何代价取得控制权，并建立权威。

下面两个建议可以同时尝试。

①“宝贵时光”

最重要的是，第一时间让艾丽斯对她在父母心里和生活中的地位感到放心，哪怕这意味着科琳娜和樊尚在他们与女儿的关系中所有的保留和疲惫都要被掩饰。没有这一先决条件，任何策略都会归于失败。或许会一时得计，但是效果很快消失。

冰山在水下的部分是艾丽斯行为产生的根源。用指导性的教育方式，甚至惩罚来回应她的挑衅，只能进一步增加她的不安，加剧她的挑衅行为。艾丽斯害怕失去与父母在身体和情感上的亲近。她所需要的情绪安全感——来自父母的随时接纳和感同身受，现在却似乎变得遥不可及了。

父母的感受却全然不同，他们付出了难以想象的精力来满足女儿的所有需要，却收效甚微。鸿沟越来越深，他们之间的关系日益疏远。这与艾丽斯的需求背道而驰，她需要感受到彼此情感上的亲近，这对于她的顺利成长至关重要。虽然父母不停地表示他们深爱她，竭尽所能来安慰她，但是他们的话似乎对艾丽斯毫无意义。他们有时挤出半天时间专门陪伴艾丽斯，可她既不高兴也不满意，他们感到女儿毁掉了这些时光。在他们看来，她确实过于苛刻，不理解父母的辛苦。

实际上，她是不可能理解的。她不可能做到“理智”，她的那个能够进行理性思考的新皮层还没有“通上电”呢，她只能感受到被父母轻视的深切恐惧，甚至在感到失去宠爱之前，她就发现停靠在自己的“航空母舰”上变得没那么容易了。因此，当务之急在于重建彼此之间的亲密感，消除造成不安全感的根源，这一根源不停地制造同样的行为——反抗、挑衅、蛮横无理甚至出手打人。

为此，我总结了多年的咨询经验，形成了一套遵循一定标准的应对措施，很多家庭运用之后都使家庭关系有所改善。我将其命名为“宝贵时光”。

执行这套方法，关键是向艾丽斯提出建议——每星期设立两到三段“宝贵时光”，可以由科琳娜或樊尚执行。每到这个时候，爸爸或妈妈要向艾丽斯提供一段由她专享的沉浸时光。这段时光安排在什么时候，不由艾丽斯决定，由科琳娜和樊尚决定。这段时光不应按照西蒙的睡觉时间来安排，否则艾丽斯仍会觉得自己只配拥有边角料时间；不能安排在每个星期的同一时间段，要按照科琳娜和樊尚的时间来安排，比如放在星期六或星期日这样的空闲时间。一定要把这段时光纳入全家的规划当中，让艾丽斯知道，无论父母的时间怎么安排，她每个星期都会拥有两到三段“宝贵时光”。

“宝贵时光”要符合三条形式上的标准：

◉ 预先确定“宝贵时光”

科琳娜和樊尚用指针闹钟进行提醒，让艾丽斯看清时间的流逝。她能够不断查看和控制这段由她独享的时间，这是十分重要的。尤其不能使用无法直观显示时间流逝过程的定时程序，让孩子放心才是使用闹钟的首要目的。计时器和沙漏倒是可以使用。

这段时间应该是快乐和分享的时光。如果时间过长，氛围可能很快又会变得紧张。我习惯把“宝贵时光”设定为15分钟，也提倡大家这样做。一进入这段时光，科琳娜和樊尚就要明确告知艾丽斯，他们与她共度的时间从哪里开始到哪里结束，不能在这上面讨价还价。有的时候，科琳娜预计可以和女儿玩更长时间。若遇上这种情况，首先务必保证这15分钟在形式上的完整性，可以稍作休息表示“宝贵时光”的结束，然后再来继续和艾丽斯玩游戏，这次就可以没有那么正式了，可以不设定时间。

◉ 营造“宝贵时光”的气氛

在这段时间的开始，科琳娜和樊尚要告诉艾丽斯，他们希望与她共度一段时光，因为她对他们来说非常重要。当然，他们很爱她而且常常这样告诉她，但是近来却因为女儿的表现说得少了。不过，感到父母的重视，看到父母特地抽时间陪伴她，这就足以给她安全感了。她的重要性与西蒙或父母的其他工作相比并无差别，但是在这段“宝贵时光”，父母把时间贡献给了艾丽斯。科琳娜心里很明白艾丽斯在这段时光里的感受，当樊尚时常向她表示爱意时，她也有相同的感觉，但是他工作缠身，往往不能帮她一起管孩子。爱，也在于日常生活中的分享和陪伴。

在此之前，在艾丽斯所能理解的范围内，她感到自己在父母心里的排序是在家务事、工作、弟弟和他的疾病以及很多事情的后面……

◉ 分享自己的积极情绪，特别是在“宝贵时光”结束的时候

最近几个月，艾丽斯让人感到非常不舒服，父母的话也让她知道自己的形象不佳。面对她的行为，科琳娜和樊尚确实很难保持积极和善意的评价，但仍然在尽力。当他们有足够耐心的时候，能够把女儿的行为与其个人进行区别，告诉她，让他们无法忍受的是她的表现。但是有时候，他们会忍不住说出不同的评价：“你真是让人受不了，太糟了，我要把你一个人丢在街上！”

在“宝贵时光”结束前的片刻，一定要对这段奇妙共享时光做出正面评价——“我觉得和你一起玩真是开心啊！”“和你一起玩很愉快！”选择属于你自己的表达。这样的积极交流可以让孩子感到振奋。凭借与父母的亲近，孩子可以找回安全感和被关怀的感觉。每一次，积极评价都必不可少，哪怕孩子因为这段“宝贵时光”的结束而发脾气和深表不满。家长绝对不能让步和延长几分钟时间。这样做也是在为父母和孩子之间的关系设置限制和规则。如果在这时候和孩子讨价还价，会传递一个信号——他能够通过哭闹实现自己的愿望。

◉“宝贵时光”应该具有怎样的形式?

这段“宝贵时光”应该成为父母与孩子共享的特别时刻，要在一个几乎不受外界影响的地方进行——一个远离手机和其他电子设备的安全场所。孩子的卧室通常很少使用电子设备，可以成为分享亲子情感的理想空间。林间散步、骑自行车，不太符合艾丽斯的亲近需求。

父母可以给孩子一些自主权。艾丽斯可以向父母提出她希望进行的游戏。当然，不能进行超出这段特殊时光的时间限制的群体游戏。不如利用这个机会把以前买的几乎没有动过的玩具拿出来玩。艾丽斯兴奋异常，她做完一个游戏又开始另一个，但这往往让樊尚感到不快，他希望女儿能安静些。不过，这时不宜摆出教育者的姿态或者一心让孩子集中精力。这只是一段“宝贵时光”，要共享快乐，舍弃目标。

最初几次“宝贵时光”可能会遭到艾丽斯的破坏，会让父母觉得陪伴女儿还不如做点别的事情。这是一种挑衅的举动，父母不能被女儿牵着鼻子走，尤其不能取消“宝贵时光”。科琳娜可以待在女儿的房间，故作惊喜地沉浸在一些曾和女儿共享的游戏中。经过一段时间的抗拒，艾丽斯也会融入这个亲密的空间，她是非常需要这种亲近感的。

“宝贵时光”是一段分享情感的时间，艾丽斯和父母要抱有这样的愿望来共度这段时光。科琳娜可以使用艾丽斯推荐的洋娃娃或拼装玩具，与艾丽斯一同感受情绪，或者帮助艾丽斯辨认自己的情绪。樊尚更喜欢通过书里的人物唤起情绪感受。

有的父母觉得这项任务很难完成。从儿时起，他们时常隐藏自己的情绪感受，暴露自己的感情让他们觉得很不舒服。然而，孩子需要父母的坦白，才能获得成长和信赖。发现自己的难为情，可能是一个时机，让父母意识到自己需要与心理医生共度一段“宝贵时光”，在私密会面中得到医生的指导。

■总结

“宝贵时光”可以被视为一种缓释艾丽斯的恐惧感的应对措施。这一措施若持久实施，可以让艾丽斯找回与父母独享的时光。渐渐地，她将与父母更加亲近，情绪爆发的频度和烈度将减少或减轻。她将体会到，父母是可以依赖的。她将发现父母的敏感性，也就是容易受到她的情绪的感染。面对父母，她不再需要通过咄咄逼人和蛮横无理来表达需求。

至于科琳娜和樊尚，他们将发现陪伴女儿的快乐。依恋关系日渐紧密，曾经的裂痕逐渐被修复。即使效果初显，“宝贵时光”也一定要继续。正是这种可预见性和稳定性，让艾丽斯找回了安全感。

在成员众多的大家庭中，父母倾向于把这一措施扩大到几个孩子的身上。我的建议是，这个措施只针对看起来最痛苦的孩子，否则可能使他认为自己的痛苦并未得到关注。就好像药只能给患病的人吃一样。这并不是说不能给别的孩子安排特殊的时间，只是父母要避免滥用这种特殊形式。

请回顾一下，针对艾丽斯的行为，上文给出了两种应对措施。第一种是正视她的不安和恐惧。面对女儿的挑衅行为，樊尚很难燃起和女儿共度“宝贵时光”的热情。他希望艾丽斯表现得乖一些，才能与她共度这类美好的共享时光。但是，孩子无法独自处理自己的不安情绪、消除恐惧感，只有在“航空母舰”的帮助下她才能做到。在这种情况下，还是要避免把艾丽斯看作一个小大人，哪怕父母希望她尽快变得讲道理和明白事理。

② **“冷静椅”**

艾丽斯在家里称王称霸，这是不可接受的。一定要找到清晰的界限，让所有家庭成员在这一界限下共同生活。怎样让艾丽斯明白她的行为造成的后果？如何让她产生责任心？

仔细解释是不够的，因为她的大脑发育尚不成熟，无法达到这样的认识水平。父母也往往因为徒费口舌而恼怒不已。樊尚多次告诉艾丽斯，她的表现让人难以忍受，和她在一起毫无快乐可言。但是，一点用处也没有，艾丽斯仍然我行我素。她的焦虑超过了理性。惩罚和责骂的害处非常明显，如今有很多研究表明惩罚和辱骂行为会对人的心理和神经方面造成影响。[1]受到惩罚的孩子会变得更加焦虑，甚至出现严重障碍。他们的大脑会发生变化，产生暴力倾向。

对于接受指导的家庭，我建议设置一把“冷静椅”（这个名称是我发明的）。

---

1 Catherine Gueguen, *Pour une enfance heureuse. Repenser l'éducation à la lumière des dernières découvertes sur le cerveau*, Pocket, 2015.

◉ **明确不被允许的行为**

父母两人要明确，家里绝对不允许出现哪些行为。要指出具体的行为，例如哭喊、打人和摔东西。不好好答话对于孩子来说是一种主观行为，不符合这一措施所要求的客观性。不被允许的表现不能罗列过多。让艾丽斯明白家里存在一些不能商量的空间，这是更为重要的。列表可以随时间发生变化。

◉ **设置一把“冷静椅”，在违反规定的时候执行罚停**

要向艾丽斯说明，如果她做出上述行为，科琳娜和樊尚不得不让她在“冷静椅”上反思一会儿。反思要在父母的陪伴下进行。把她关进房间或赶到楼道里，只能加重她的焦虑感和攻击性。这是因为，远离父母会让孩子感到恐惧，无法有效利用这段时间反思。因此，我建议在起居室放置一把儿童椅。此外，必须配备一个定时器。

在孩子做出不被允许的行为或大发脾气的时候，在一定时间内，孩子完全无法沟通，听不进去任何道理，仿佛大脑发生了短路。经验表明，科琳娜和樊尚在这种时候说什么都没用。他们试过甜言蜜语地安慰，也试过长篇大论地探讨这种沟通崩溃现象的来龙去脉。他们还发现，更加明确和强烈地表达他们对女儿哭闹的不满只能带来更严重的争吵。艾丽斯伶牙俐齿，绝不肯服输，毫不惧怕与父母对视。他们后来把艾丽斯关进房间，希望她少摔坏东西。但是，所有办法都失败了。

在这种时候，孩子无法沟通，她关闭了沟通渠道，任何尝试都将归于失败。“航空母舰”的作用是在“小飞机”感到极为焦虑的时候提供安全感，远离自己的“航空母舰”只能加剧孩子的焦虑状态。这就是科琳娜和樊尚见证了一连串挑衅行为的原因所在。若艾丽斯被关在自己的房间里几个星期后终于平静下来，那只是因为她不得不承认，自己的“航空母舰”无法在她慌乱不安时提供帮助。

面对艾丽斯的大发雷霆，父母很容易忘记艾丽斯正饱受痛苦，她需要父母身体的亲近。她的行为流露出恰恰相反的意思，父母很难始终对其进行正确的解读！

要为孩子提供一个空间，让她可以重新连接到更加平静的人际关系上。然而，要想重新接通处于暴风骤雨中的大脑，必须让她与他人隔绝一段时间。“冷静椅”的设置正为此目的。这把椅子就是把罚停时间形式化，让孩子利用这段时间“清醒头脑”。因此，当艾丽斯情绪爆发，做出家里明确不允许的行为时，科琳娜和樊尚要不由分说地让她坐到“冷静椅”上，用三言两语提醒她此前的约定。

同时，父母启动定时器，把时间限定在2分钟，最多不超过4分钟。借助定时器把反思时间实体化，可以使艾丽斯把精神集中在定时器上面，而不是父母的情绪状态上面。

无论大人还是儿童，焦虑感必然内含失控感。努力减压的一种方式就是试图控制一切。例如，艾丽斯就时常在感到不安的时候企图操纵父母：她专横跋扈地命令樊尚关门，命令科琳娜熄灯。在她还小的时候，如果是科琳娜而不是樊尚把她固定在汽车安全座椅上，她就会大闹。她到现在还有一些让父母觉得是强迫症的行为，表现在对待自己房间的物品上：每个洋娃娃都有自己的固定位置，稍有挪动她就会大闹一场。使用定时器的目的就是告诉艾丽斯，罚停时间的长短并不取决于父母的情绪状态。其实有的时候，樊尚气愤难耐，会让艾丽斯坐更长时间，不止两三分钟！

◉ **在设定的时间内保持安静**

父母简短解释之后，大家必须保持安静。艾丽斯有时候会继续哭闹反抗，甚至可能挑衅父母。父母除了在旁边陪着，不要与她互动。

这段设定好的时间，也让科琳娜和樊尚平息了他们在孩子闹脾气这个过程中因难以忍受而产生的怒火。气氛渐渐缓和下来，艾丽斯也逐渐能够自己平静下来，感受这段时间的益处，甚至从中积攒能量。

◉ 反思过后与孩子亲昵片刻

反思时间结束后，不必再对孩子进行说教，即以前的人们所谓的“道德教育”。艾丽斯更需要维持自己与父母之间的关系及由此带来的安全感，这样的时候很适合和她亲昵片刻。

一开始，科琳娜很不情愿和孩子亲近，似乎觉得艾丽斯不配。后来，她明白了重新连接这一过程所蕴含的道理，于是母女之间建立了前所未有的亲密感。

■总结

“宝贵时光”和“冷静椅”，是针对冰山水下、水上两部分的策略：“宝贵时光”安抚水下部分的焦虑，“冷静椅”告诉艾丽斯哪些行为不被允许。两种策略互为补充，逐渐引导孩子更好地掌控自己的情绪。

3. 设定清楚易懂的限制

科琳娜和樊尚不知该怎样为艾丽斯设限。一开始，他们担心盲目的管制会使艾丽斯的个性和敏感遭到扼杀；后来，情况恰恰相反，家里全是艾丽斯说了算。担心女儿发脾气，所以他们的忍耐度极高，但这似乎让局面愈发不可收拾。周末必然发生争吵，情况比他们平常忙于工作和其他事情的时候还糟糕。

夫妻之间也出现了冲突：科琳娜认为应该对艾丽斯更加耐心，不要针尖对麦芒；樊尚不想对女儿做出让步，他认为在家里掌握大权的绝对不该是女儿，让艾丽斯说了算，这是绝不能接受的。于是，艾丽斯和樊尚之间的争吵陡然升级。科琳娜想要缓和局面，但徒劳无功。她也不知道该如何对待女儿。

如今的教育的确要纳入对儿童发展以及威吓式教育的恶劣影响的最新认识，从前人们是不考虑这些方面的。孩子成长方式的变化，尤其是过去那种对孩子进行道德说教的观念不再吃香，让老一辈备受责难，也使得父母权威的范式发生变化。然而，孩子的发展、探索和成长需要一个有安全感的环境，权威的存在正是搭建这一环境的必要条件。“权威”不是一个不宜提及的词语，我们要反思的是自己如何理解权威和树立权威。

限制的缺失使艾丽斯充满不安，她无法清晰地看到哪些行为是被允许的，哪些又是不被允许的。但是，父母希望避免使用过于生硬的制约，反倒使天平倒向另一边。找到一条中庸之道，让孩子不必对自己的成长环境感到担心，同时足够尊重孩子的身份和个性的发展，这就是科琳娜和樊尚现在的追求。然而，怎样避免责罚和处分呢？怎样和孩子一起成长，让孩子拥有更多责任感，更多考虑别人的感受，看到自身行为对人际关系造成的影响？

现在，我们要对权威的定义进行重新审视。举例来说，樊尚不接受艾丽斯无论在反抗还是挑衅大人的时候得逞，这无异于让女儿“获胜”，让父亲丧失权威。然而，对于艾丽斯的心理机能而言，她的反复争吵和反对并不是有意让父亲丧失权威，而是为了避免失控，驾驭自身的焦虑感，因此她绝不言弃。争吵的最终结果一定不符合樊尚的期望，他威胁并孤立女儿，女儿却更激烈地大吵大闹。

应对措施

▶采取与孩子大脑发育程度相适应的措施

科琳娜和樊尚只有关心和了解艾丽斯的大脑处于发育的哪一个阶段，才能更好地理解她为何会产生情绪风暴以及随之而来的行为表现。了解冰山在水下的部分——艾丽斯的恐惧和不安——可以促使父母采取新的态度。父母要在强力压制和过度放任之间构想替代办法。即使孩子有对安全感的需求，我们也要保持高度警惕，避免陷入绝对信任孩子的漩涡中。有时候我们认为孩子虽然还小，但是拥有抉择能力，而且天生就能理解人际关系问题。这一想法是错误的，他们的大脑还很稚嫩，并没有这样的能力。因此，期望他们过早拥有上述能力，是造成他们产生不安全感的原因。作为监护人，我们要找准每个孩子的平衡点。

▶沉默是金

人与人之间的关系是一笔宝贵财富，当关系变得疏远时，我们才会发现它的宝贵。这就像普莱维尔[1]对幸福的描述："当幸福拂衣远去时，我们才认出它的模样。"人与人之间的关系的力量、表现以及人们对它的表达方式，构成我们每个人的基本和结构性的信息。

孩子对人与人之间关系的变化特别敏感。因此毫不奇怪，艾丽斯经过在"冷静椅"上的反思，马上要求和父母亲昵。艾丽斯从粗暴地排斥父母到需要亲昵，这个变化让科琳娜印象深刻。

为了得到"航空母舰"的保护，孩子需要感受与其在身体上的亲近。在父母为艾丽斯提供的环境中，艾丽斯

1　法国诗人雅克·普莱维尔（Jacques Prévert），1900—1977。——译者注

需要的不是听到越来越强硬或冰冷的话语，而是这种沉默的疏远，这种疏远会让她感受到她的行为对自己与亲人之间的关系造成什么影响。因此，樊尚不必担心让艾丽斯得逞，他可以冷冰冰地告诉女儿，他不关心她做什么，并且故意以沉默结束对话。他可以以这一方式让女儿明白，这种交流不可能以满足或融洽来收场。这样的回应对女儿来说信息量十分丰富，也不会让她产生强烈的不满，樊尚也不必以喊叫、威胁的方式来表达自己的态度。

■总结

解构旧原则、打造新理念以适应当前的需要，这条道路不会是一帆风顺的。科琳娜和樊尚时常感到在道德教化式的管制和过度殷勤的关切之间存在巨大落差。他们努力做到最好，尽量保持最积极的心态。然而，每日和艾丽斯的相处使他们不断地质疑自己，调整立场。父母的职责本身就要求这样的反复摸索，这一职责的完善需要孩子和父母共同努力，这一过程可以让孩子和父母都得到成长。

4. 孩子的暴力行为

最近几个星期，艾丽斯很暴力，她动不动就抬手打人。科琳娜和樊尚很担心女儿的这种暴力倾向。其实，他们很注意避免让女儿看到暴力场景，尤其会限制其在家里使用各种电子设备，并严格挑选电视节目。家里虽然时有争吵，但是艾丽斯从未看见过任何暴力行为。那她经常针对物品而且最近偶尔针对科琳娜的暴力冲动从哪来的呢？他们也很注意避免让艾丽斯接触周围的社会性暴力事件，但是为什么还是得到这样的结果呢？

很多家长遇到过类似的问题，他们无法想象孩子的暴力举动原因何在，他们认为自己已经在日常生活中对孩子进行了很好的保护。例如，他们禁止孩子观看存在过多暴力信息的电视节目。在暴力化电子游戏普遍存在的今天，父母努力不让孩子接触暴力行为，这个做法非常关键。然而，把孩子与周围环境完全隔绝，这是行不通的。艾丽斯可能在学校目睹过某些粗暴行为。

暴力行为实际上是一种挑衅行为。2岁之前的幼儿出手打人是为了得到某个东西，是出于一时冲动，因为他还没学会说话。随着年龄的增长，孩子身体的攻击性逐渐降低，他开始明白语言的能力，发现可以通过语言来进行商量和威胁以达到目的。这时，攻击性更多体现在口头上。然而，如果口头上不能说服大人，那么他就会在语言之外增加肢体动作，做出一些冲动行为。就像面对一座冰山只能看到其露出水面的部分一样，大人只能对这些行为做表面上的理解，把暴力行为视为对外界的模仿，但实际上它是一种内心活动的外化表现。

在我们的例子中，艾丽斯非常需要得到安全感，因为她觉得自己失去了在父母眼中的重要性。她感到自己的话被忽视，父母只会批评和指责她。这些都增加了她的恐惧感，恐惧感又反过来让她更具挑衅性，催生暴力举动。

樊尚可以理解这个过程，有时候在工作中他也有同样的经历。目前，他的工作很不顺心，时常感到无比挫败，无法达到自我期望的状态，身体里仿佛涌动着暴力冲动。不过，他懂得通过自己喜欢的运动来排解冲动，时常花时间打拳击，释放内心的不满情绪。

但是，针对艾丽斯的暴力行为，要采取怎样的措施呢？

应对措施

▶“这是孩子母亲的错”

成为孩子暴力的针对目标，这让科琳娜感到痛苦甚至不知所措。和女儿之间的关系已经让她很不舒服了，为什么她深爱的女儿还要抬手打她呢？

她要费很大力气才能在艾丽斯面前显示出威严。她曾经希望母女之间的关系是由内而发和心照不宣的。在她眼中，艾丽斯是聪明的，可以理解很多事情。但是，艾丽斯需要“航空母舰”，需要成年人给她指明方向，在危险时给她安全感，在她展翅高飞探索世界的时候陪伴在她身边，接纳她的一切情绪。女儿的愤怒让科琳娜茫然无措，她不知道该如何回应。作为母亲，她对自己充满怀疑，有时觉得自己无法给女儿足够的安全感。然而，能够给予足够的安全感正是艾丽斯对她的期待。女儿针对妈妈的攻击行为，并不是很多父母认为的拒绝母爱，哪怕艾丽斯喊出这样的话：“我不喜欢你，我想换个妈妈。”其实，艾丽斯是在寻觅情绪安全感、父母的始终如一、可预见性和稳定性。

科琳娜首先要做的是重新编织依恋关系和安全纽带。在考虑如何控制女儿的脾气之前，科琳娜应该采取“宝贵时光”中的举措。对女儿更多的警告和批评只会加深她被父母漠视的感受，增加她的不安感以及攻击性，从而导致她的暴力行为。想要逆转这种局面，首先要重新接纳艾丽斯，母女在两者的关系中重新接纳彼此。艾丽斯把暴力作为人际关系模式，这是肯定不能被接受的。每次女儿在家里出现暴力行为时，科琳娜可以启用“冷静椅”模式。

教育子女对科琳娜来说绝不是一条平坦的道路，她是一个谨小慎微的人，不够坚定和自信，但是她要面对个性极强的艾丽斯。她必须学会坚持己见，明确表达自己的情绪和想法。这对她是个挑战！她这时候或许需要别人的帮助，以发现她一直隐藏着却被艾丽斯激发出来的自身的某个部分。目前的状况是非常不舒服的，但是她心里知道，她会发现自身一直被埋没的那些部分，那些部分会让她大吃一惊，给她的人生带来新的活力。因此，不光为了女儿和自己，也是为了家庭，她可以迈出求助这一步。心理医生会告诉她，不要心怀愧疚，不要理会仍然甚嚣尘上的说法——“这是母亲的错”，而要明白，每一种经验，包括养育子女的经验，其烈度和深度都足以使我们发生深刻的转变。这是孩子为我们提供的一次改变自我的良机，虽然科琳娜有时候觉得这是个让人感到“苦涩”的馈赠。

▶电子设备在家中的地位

电子设备在家中到底应是个什么地位？当今社会，电子设备的泛滥让父母们难以招架。在我们周围充斥着电子设备，如果不能谨慎地利用其功能，我们会寸步难行，因此一味禁止并不是好办法。但是，如何才能合理利用呢？

一个极端是将其视为洪水猛兽，另一个极端是放任不管，两者之间很难找到完美平衡。可以看到，限制性措施最终只会适得其反。科琳娜和樊尚尝试过让女儿合理使用电子设备，他们精心挑选动画片，只选择有教育意义的游戏。但是，这很难做到禁止艾丽斯使用电子设备，她总是要妈妈的手机玩。

这些联网设备对艾丽斯有着巨大的吸引力，这是很正常的。这种吸引力来自"奖励系统"，引导大脑追求最表面化的快乐。电子设备提供简单和即时的快乐，拥有让人上瘾的吸引力。科琳娜和樊尚知道而且认真执行官方建议，但是他们也知道自己在电子设备的使用方面并未做到以身作则。他们多次查看消息生怕错过工作上的急事，而艾丽斯并不能理解这样完美的借口。还有，他们不也总是趁着孩子安静的时候抓紧时间打电话或者在屏幕上点点戳戳吗？

除了关注花在各种类型电子设备（手机、平板、电脑等）上的时间，还要注意家庭关系的质量以及维持关系的方式。要是各种电子设备成为共享时间里的主角，取代了人与人之间的互动，必须马上予以纠正！

如果有意识地让电子设备成为沟通交流的一部分，算是给予它们恰当的位置。举例来说，科琳娜经常和艾丽斯一起看动画片。利用这样的机会，科琳娜可以主动分享对片中角色的感受，让自己学习情绪表达，毕竟科琳娜不太懂得表达自己的情绪。再比如，艾丽斯非常喜欢看《冰雪奇缘》。趁着和女儿融洽相处的机会，科琳娜可以借着片中艾莎对自身魔力的惧怕，吐露自己的担心，也询问女儿有哪些恐惧。这样，电子设备成为丰富亲子关系的媒介。樊尚喜欢在晚上玩一会儿电子游戏来使自己放松。孩子们出生以后，玩游戏的时间减少了，但是他仍然保留了一点儿游戏时间适当放松一下。一开始，科琳娜抱怨他因为玩游戏忽略的家中事务越来越多。他们一起讨论过这件事，后来樊尚找到了更适合玩游戏的时间，并决定和艾丽斯一起玩，找一些符合女儿需求的教育类游戏。他还找到一些虚拟参观展览馆和博物馆的应用程序，和女儿一起玩得很开心。有时候，他甚至让艾丽斯为父母和弟弟准备一个小表演，展示虚拟参观中的发现。这些活动营造了美妙的家庭时光，艾丽斯对自己的发现非常骄傲，父母也大为欣赏女儿的分享和好奇心。

■总结

父母以身作则，是教育范式的一大关键，如今有越来越多的孩子期望父母能做到言行一致。艾丽斯对爸爸说："你让我不要大喊大叫，你自己跟我说话时却大喊大叫！"这些处于成长变化中的孩子能够马上指出我们言行不一，他们驳斥得很对，父母对此哑口无言！和孩子一起成长，也是在共同学习，对他们的教育也是对我们自己的教育，孩子让我们深受教益。我们需要接受质疑，不断调整。这是一场激动人心的挑战，可以使我们不断学习成长。

5. 父母的语言虐待

近几个月来，艾丽斯的行为愈发咄咄逼人，致使科琳娜和樊尚的言辞也跨越了他们本以为永远不会达到的界限，说出了“和你这样的小女孩一起生活真是不开心”“你看西蒙多听话”“如果你这样让人讨厌和不听话，你永远交不到朋友”“你这么没规矩，我一点儿也不想搭理你”“你跟我这样说话，自以为很聪明是吧”，诸如此类的话，让人忍不住去想，像旧式教育那样打她一顿手板，或许能让艾丽斯回归正常吧？

类似上面这些话，有些父母反复使用，这一方面暴露了父母的疲惫无力，另一方面造成了严重的后果。这些一再重复的“羞辱”——目的是激起艾丽斯的反应，如今被视为情绪虐待行为，是导致所谓“日常教育暴力”（VEO）的原因。这些行为的影响往往被忽视，长期以来已经成为某些教育模式的一部分，仅仅为了刺激儿童，让他产生愧疚感，以使他进步。一代又一代人无数次听到：“你真是学校里最笨的一个！像这样，你怎么觉得自己会成功呢？”这种日常教育暴力以及人们对其在儿童的神经—情绪方面产生的影响的无知，造成了诸多严重后果。如今，多项研究[1]都在儿童所受影响方面得出一致结论——日常教育暴力阻碍了儿童的良好发展，影响了儿童的精神状态，同时加剧了儿童的攻击性和焦虑感，使儿童成年后更容易有暴力倾向和成瘾活动，在某些情况下，这些影响可能被刻进基因中甚至遗传给后代。

科琳娜和樊尚感觉自己还没有到这样的程度，然而，这个阶段很快就会到来。他们勾勒出心目中理想的教育方式，借鉴了教育和养育子女方面的新知识，但是似乎难以落实。更糟的是，似乎产生了反作用。不过，他们其实也很明白，这样的话对艾丽斯没有好处。2019年颁布的《禁止打屁股法》[2]使禁止体罚成为法律条款，同时出台了对父母的协助措施，否则单靠父母的力量很难成功度过这个阶段。

1　日常教育暴力研究所网站。http://www.oveo.org/

2　https://www.service-public.fr/particuliers/actualites/A13498

科琳娜和樊尚的耐心已达极限。他们知道自己的行为与意愿存在偏差，但是艾丽斯的所作所为让他们无法抑制自己的失望，有种无力应对的感觉。他们时常感到这是一场针对自己的斗争，很明白自己并不是超级英雄。如今的生活处处受到物质和时间的限制，使人无法养精蓄锐，在这样的情况下，如果能暂时拥有一个自我恢复的空间，本来是极其有益的，但很多人无法得到。再者，追求优异表现的压力也让人喘不过气来：要在工作上取得优异成绩，追逐越来越高的目标；要在家庭建设上取得优异成绩，让整个家庭在不断出现危机的情况下仍然能够呈现良好状态；要在做父母上取得优异成绩，用仁爱积极的教育主张引领孩子茁壮成长。与此同时，他们面对的是日常生活的残酷现实：不停地奔走、不宽裕的月底结余、家庭的支离破碎、一次次的出差……

应对措施

▶运用“宝贵时光”的方法

科琳娜和樊尚可以发挥自身能力，在家里运用“宝贵时光”的方法，为艾丽斯提供亲密和共享的时刻。虽然这远不足以抵消批评和辱骂所带来的伤害，但也是调整情绪的开端，艾丽斯可以在这段时间中感受到积极向上的氛围。这些融洽时光正缓慢地修复遭到损害的关系。

▶求助外援

寻求帮助是第二大应对措施。由于是重构家庭模式，想要得到家人的帮助并不是很容易，家人本可以在亲子关系中扮演第三方的角色。科琳娜和樊尚盼望孩子在祖母家住一段时间，这样他们可以稍做喘息来积蓄耐心使身心平静，以便为艾丽斯提供一个良好的成长环境。但是，祖母仍然在工作，而且是独自一人生活，她无法始终满足家人的需要。除此之外，代际之间在教育理念上存在分歧，这往往给轮流带孩子的要求蒙上一层复杂和不信任的阴影。科琳娜和樊尚需要得到支持和鼓励，而不是批评。更不用说，祖母在艾丽斯面前流露出的对他们的不满，进一步削弱了他们在女儿面前的形象，摧毁了科琳娜本就摇摇欲坠的自信心。

向父母指导领域的专家寻求帮助并不丢人。这是因为，父母的痛苦内核虽然看起来不起眼，却可能转变为严重阻碍，影响家庭的生活轨迹。

■总结

养育子女的过程绝非一帆风顺，不是空有一番好心就行得通的。况且，通往地狱的道路难道不正是用善意铺成的吗？做父母的道路，是一条需要不断被质疑和调整的道路，在此过程中依靠外部帮助来照亮最晦暗不明的路段，这样做并不可耻。在儿童发展领域不断更新的知识，让我们获得很多认知，虽然不可否认，有时候过多的知识让人应接不暇、困惑不解。通过几次心理咨询来聆听专家的阐述和指导，也许能获得决定性的支持。求助并不是软弱的表现，而是为了发现我们自身隐藏的能力而向前迈出的新的一步。

6.“现在不是时候”

不仅体现在语言上，艾丽斯的逆反还总是在一天当中最关键的时候——上学、吃饭、睡觉等时候表现出来。在不听话这件事上，艾丽斯似乎总是不缺乏奇思妙想。“你快点，我们又要迟到了”“没时间了，快点，我们赶时间”，这些话简直成了科琳娜和樊尚的口头禅。日复一日的压力让他们不堪重负。艾丽斯仿佛有意挑选这些时候，最大限度地影响家庭秩序，而这危及了科琳娜和樊尚奋力维持的家庭平衡。

艾丽斯为了取得父母的关注和保护，在他们看上去空闲的时候，向他们发出各种信号。对于空闲的定义，她和父母的理解是不一样的。然而，仔细分辨的话，早上、吃饭、上床睡觉甚至半夜的时候，都是科琳娜和樊尚全身心陪伴孩子的时间段，在这些时候他们不得不时常命令她“穿衣服”“刷牙”“该睡觉了”“穿上睡衣”“准备明天的东西”等等。在艾丽斯看来，科琳娜和樊尚的目光终于落在了她的身上。她发现，如果她表现得乖巧开心、听话顺从，并不能延长和父母在一起的时间；如果她拖延时间，假装不能自主穿衣服，就会得到父母更多的关注。

科琳娜和樊尚或许又一次认为，这个主意是艾丽斯想出来的。实际上，她需要由情感亲近以及父母的接纳、陪伴和关心所带来的安全感这个机制是自行启动的。

因为相同的原因，吃饭成了一件苦差事。艾丽斯非常挑食，科琳娜有时候不得不准备不同的菜单。有时她会要求在客厅的一张单独的小桌上吃饭，要求被满足之后，她似乎还是不高兴。全家人的共享时光的气氛变得极为紧张，令人心生厌倦。有时科琳娜、樊尚和孩子们分开吃饭：孩子们先吃，接着他们两人“沉默无语”地吃饭。每天晚上的睡前仪式一点也不轻松，艾丽斯的要求越来越高，导致家人之间的纽带和亲近变为松散和疏离。在这些每天都会重复的疲惫里，怎样寻求平静呢？

应对措施

▶运用“宝贵时光”的方法

首要的目标仍是缓解艾丽斯的焦虑感，也就是冰山的水下部分。运用“宝贵时光”的方法可以达到这个目的。如果缺乏仪式化方式，艾丽斯就无法感受父母的关注，由此产生的恐惧将导致同样的挑衅和逆反行为的出现。这些专门留给艾丽斯的时间，体现了科琳娜和樊尚共同的愿望，他们希望在每天身不由己——每个人都渴望匆匆向前——的时间之外，抽出专门的时间陪伴女儿。但是，非仪式化时间的陪伴对女儿来说是不够的。不过，科琳娜和樊尚并不这么认为，他们觉得自己在繁忙的安排中抽出几分钟时间和女儿一起进行多人游戏或其他活动，已经陪伴她足够长的时间了，是艾丽斯不理解他们的所有努力。

艾丽斯确实不明白，这很正常。父母有什么必须要完成的事情，这不是她应该关心的。在她这个年纪，距离这些烦恼还很远，这也正是科琳娜和樊尚希望孩子拥有的生活——受到保护和无忧无虑，远离大人的烦恼。然而，大人没有办法让孩子与周围环境完全隔绝，把他们置于肥皂泡中，为他们粉饰现实。这样不能让孩子为未来做好准备。几年之后，当肥皂泡破灭的时候，艾丽斯和西蒙会抱怨父母没有让他们为人生的大灾小难做好准备。孩子期待父母在某种程度上的陪伴和支持，这是合理的需求，但是受到社会高期望值的限制，父母的陪伴变得十分有限，在政策层面需要形成一些社会性的解决方案。在家庭内部，科琳娜和樊尚会努力寻求最佳平衡，“宝贵时光”举措便是对此的回应。

▶使用可视化标志

那么，如何应对冰山的水上部分，让艾丽斯拥有一个更容易辨别家庭节奏的环境，避免诱发她一贯抗拒的态度呢？答案是使用可视化标志。我们的指令往往带有以下字眼——“等一下”“5分钟之后”“马上”“稍等”“过一会儿”，等等，这些指令都是不确定和不清晰的。在艾丽斯很着急的情况下，“5分钟之后”显得十分漫长。而在她专心致志地玩游戏或者玩玩具屋的时候，这样的命令会搅得她心神不宁。类似的指令会给孩子的时间利用造成干扰，导致孩子总是想不停地玩游戏。

科琳娜和樊尚可以使用闹钟来提醒艾丽斯注意父母规定的时间，例如刷牙或下一次吃饭的时间。科琳娜和樊尚要提前15分钟通知艾丽斯，指着表针的位置告诉女儿从现在起到下一道命令还剩多长时间。这样做是为了以积极的方式让艾丽斯看到剩余时间，而不是猛然告诉她："你在洗澡之前还剩15分钟！"

利用可视化标志让剩余的时间更具体，可以给艾丽斯强烈的安全感。她可以掌握自己在这段时间内做什么，减轻内心的不安。闹钟使时间具体化，在孩子眼中清晰地把父母的命令和他们的"善意"分隔开来，父母同样要遵守时间。孩子对时间的掌握可以减少抗拒，但在到达规定时间后，父母必须不折不扣地执行指令。当然了，艾丽斯试图拖延几分钟，科琳娜和樊尚要准备忍受一些哭闹和反抗。他们仍然要言出必行，在说好的时间执行指令。可预见和前后一致的态度可以让艾丽斯感到安全可靠，虽然会制造一些紧张局面，但终将有利于走向规范。

■总结

当我们寻求满足孩子不停提出的要求的方法时，不仅要重视他的恐惧感，同时也要采取规范和明确的措施让孩子拥有掌控力，这样的双重手腕可以形成恰当的教育举措。忽视一方面而偏重另一方面，只能形成不全面的回应措施。父母出于自己的责任，必须关注孩子的这两个方面，父母有时候要努力想象，孩子的经常性反抗背后隐藏着他的恐惧，作为对这种行为的回应，必须勉为其难地更加亲近孩子。

7. 在学校一半是天使一半是魔鬼

在学校，艾丽斯不服管教。她似乎是看人下菜碟，不管是在上课、休息还是就餐时。

艾丽斯上学后，她对同学有明显的攻击行为，她会咬或打同班同学，老师注意到她会针对最亲近的人。很显然，她并不是对欺负她的同学进行报复，她的行为是随意的。休息和吃饭时间，这类事件出现得更加频繁。学校老师和管理者不欢迎这种行为，他们想让艾丽斯认识到她的行为对“团队”和“班级”造成的影响。有位食堂管理员甚至觉得艾丽斯是个坏孩子。然而，艾丽斯又给人一种天真无邪的印象，她看起来乖巧听话，身材纤细瘦弱，面容温柔可亲。“一半是天使，一半是魔鬼”，有些人这样评价她。

在做出让人无法容忍的行为后，艾丽斯受到了惩罚，而这似乎成了家常便饭。她被禁止课间休息，有时上课不服管教，老师会把她交给在一年级任教的校长，或者似乎能管好她的二年级老师。

在集体中，潜在的“航空母舰”数量剧增。把孩子送去学校，在大人看来是有益的，可以让孩子的安全得到保障，同时其行为也受到一定限制。但这让艾丽斯产生焦虑感。原因在于，她无法知道在感到危险和受到威胁的时候依靠谁，这种不确定性导致她的不安全感大大增加，并转化为攻击性行为。今年和去年她的老师是同一个人，因为在他们那个小村庄，幼儿园所有年级的25个孩子都在同一个班级。班里的照护老师瓦莱丽因为身体原因需要经常接受治疗，不得不一再找人顶替。于是，当艾丽斯这样的不安分子扰乱班级秩序的时候，教师团队就要面临艰巨的任务。而且与科琳娜和樊尚一样，老师也不一定能读懂艾丽斯的挑衅行为，因此他们采取的也是自认为正确的措施。但是，他们的措施集中针对水上冰山，为了限制艾丽斯，他们禁止她进入活动场地或是把她换到别的班级。

这些有明显针对性的措施让艾丽斯更加焦虑。远离或频繁更换潜在的“航空母舰”，不仅使艾丽斯无法平静下来，还会引起她深刻的不安。她甚至不知道这个星期会如何度过，会在谁的班级里。瓦莱丽向她解释，如果她听话，就不会受到惩罚，但这只是徒劳，她仍旧控制不住自己。她在学校和在家里并无二致，而且，几个不同年级合班上课的形式让艾丽斯很难适应。她在很多时候都必须依靠自己，这样无法满足她对于安全感和亲近感的需求。艾丽斯的老师经常说，幸好很多孩子和她不一样！不然该如何在这样的条件下管理一个班级？更何况学校的要求一年比一年高。

在这种情况下，很多条件都对环境有所影响。艾丽斯的行为所体现的对安全感的需求，面对的是多年级合班、某些管理者的更换、增加她的不安全感的措施、潜在的次要依恋对象的远离——或是艾丽斯的老师或是她的照护老师瓦莱丽——等等这些现状。这些条件都不是轻易可以改变的，涉及学校的根本运转。

然而，对儿童身处的整个社会以及现有教育条件提出质疑，仍然是有必要的。出于教育系统优化的原因，孩子们被迫适应各种规则，违背其对于一致性和可预测性的需求。安全性和组织性标准并未完全匹配我们对于儿童发展问题的认识。的确有很多孩子能够适应大环境，但是这对有些孩子来说困难重重。他们被认定存在“心理障碍”，并被施加各种“专业”、昂贵却不一定拥有充分依据的辅助性措施。对学校生活助手（AVS）和障碍学生陪护（AESH）的需求不断增加，让人们不得不对整套教育系统提出更多的质疑。

应对措施

▶改变看法

解决艾丽斯这类孩子存在的问题的一个先决条件，就是改变对他们的看法。他们不是坏孩子，不是蓄意要把班里搅得一团糟，也不是脑子有病。在幼儿园小班和中班的时候，借口他们不能待在自己的座位上或者没有朋友，过早地给他们贴上多动症或自闭症之类的标签，这样做很不可取。说出这样的怀疑会导致严重后果，必须进行严格的诊断才可以得出结论。

关注这些孩子的行为对班级造成的影响，是完全可以理解的，但是严厉的言语只能使问题变得更糟。

有些孩子确实有更高的情绪安全感需求，现行规则无法满足他们。他们确实充满不安和恐惧，而且只有通过攻击他人才能释放这种情绪。实际上，要想既满足他们的安全感需求又不大费周章，方法很简单：老师要对这类孩子表现出更明显的关注。老师稍做安排就可以切实改变孩子的感受和班级的氛围，不必急于寻求“学校生活助手”的帮助。因为这些孩子没有生病，所以这样的要求也不一定会得到批准。

人们对这些孩子的看法往往是负面的，羞辱和嘲讽便是明证。这些话语过于强烈，在痛苦中的孩子是不可接受的。理解他们的安全感蓄水池会以较快的速度排空，而且更难以蓄满水，这是第一个重要步骤。与身心疲惫的父母一样，教师和其他教育人士必须下达大量造成不安的指令，并且承受随之而来的一系列不安感，这种不安感会危及所有人的平衡，尤其是正在迅速成长的孩子，他们非常脆弱，很容易受伤。

▶辨认学校中的“航空母舰”

第二个需要解决的是发现谁能扮演艾丽斯的“航空母舰”的角色。可能是她的老师，也可能是瓦莱丽，如果瓦莱丽在岗的话。艾丽斯需要在受到威胁的时候能够依赖某个人。艾丽斯的感知水平和成年人不同，让她觉得不安的东西可能不会让周围的人感到惊慌。但是，她个人的依恋体系的激活没有一个合理或客观的标准。要进行恰当的回应而不是批评:“你不应该害怕，你真是假惺惺！”艾丽斯的恐惧感通常并不是如实流露的，而是转变为攻击行为，因此老师的话就更不客气了:“你真坏，没办法和你一起做事，你在这个班里让我受不了！”接下来，老师往往会和艾丽斯的父母进行交流，或是在放学的时候进行口头交流，或是在联系手册里记录艾丽斯做过的所有蠢事，几乎找不到她做过的好事。

我说上面这番话的目的不是批评教育工作者，我只是从教师们疲惫、担忧和疑惑中得出结论，他们为孩子日益频繁的行为感到惶惑不安，面对似乎处于痛苦中的孩子不知道该如何作出令人满意的回应。借助依恋理论和孩子的安全感需求，我们或许可以找到一条理解途径和启发路径，看清很多情况。还要确认最能发挥作用的“航空母舰”，老师和瓦莱丽需要向艾丽斯表明，一整天之内，尤其是过渡时间——早上入校、课间休息或就餐等时间——他们会特别关注她，告诉她在出现问题时可以依赖谁。他们还需要决定艾丽斯在班里的位置，让她坐在离她们中的一个人很近的座位上，尤其是所有学生集中在一起的时候。这样在分组活动的时候，艾丽斯会显得轻松许多，这些时候她能更强烈地感受到大人的关注。

最后，要避免把艾丽斯排除在班级之外，或经常、随意地让她远离自己的“航空母舰”。有时候这样的措施是必要的，但是要用一种积极的方式来进行，在负责艾丽斯的老师的配合下，可以把这段“罚停”时间转变为歇息时间，而不是把她关在门外。艾丽斯也会理解，甚至有时候感到自己需要被这样对待。

▶明白语言的力量

最后一点，所有人都应该关注语言的力量。我们都知道语言可以伤人。孩子们，尤其是有不安全感的孩子，对具有伤害性的语言的感受尤其强烈。然而，作为对他们的挑衅和无礼行为的回应，他们比其他孩子有更多机会听到这类话语。批评取代了鼓励、斥责远多于称赞，这种态度只会增加孩子的不安全感，引发更多捣乱行为的出现。

科琳娜与艾丽斯的老师商定每两个星期碰一次面，特意抽出时间分享她们各自遇到的情况——有顺利的也有麻烦的。艾丽斯周围的角色——父母和教育工作者——之间协调一致，是围绕她的不安全感建立安全感链条的关键。学校心理医生也参与了这个过程。一年之内，合作关系逐渐建立起来。不必坐等紧急和严重情况的出现，也不必在开学的一周之内手忙脚乱，所有人都安之若素：女孩感受到了别人对她的理解和公正；老师再次发现艾丽斯给班里带来了欢乐，因为她是个有趣的好学生；科琳娜不再担心每次去学校接艾丽斯时总能听到老师对女儿的批评。

■总结

通过表观遗传学研究，理解环境对孩子成长的重要作用，在今天开启全新的干预模式，可以帮助孩子实现更加和谐、充分的发展。要想让这一意识发挥作用，还需要对幼儿领域的人士在这些特殊问题上进行培训，使得链条上每个环节，从教师到校外人士，能够做出协调一致、具有可预见性和带来安全感的回应。这是未来数年的一个挑战。

8. 如何应对退化行为?

对艾丽斯来说，开学那段时间似乎是一个复杂时期。她热切希望发现新活动，但是在开学前几天，科琳娜发现女儿的内裤上有尿渍，这让艾丽斯很难为情。她说自己没有时间上厕所，或是在学校的时候没有想起来上厕所。然而，在过去的一年，无论白天还是晚上她都没有尿过裤子。科琳娜和樊尚认为艾丽斯倒退了，他们非常担心。在幼儿园中班开学的第一个星期，艾丽斯悄悄爬到父母的床上，蜷缩在他们中间，想要和他们保持身体上的亲近，但西蒙刚刚出生没多久。这一切似乎让艾丽斯深感困扰。

科琳娜和樊尚听说过儿童的退化时期，仿佛艾丽斯想重新变成婴儿。的确，女儿的世界在短时间内发生巨大改变，弟弟出生了，她要和弟弟分享“航空母舰”的甲板。弟弟出生后，他们还搬了一次家。幸好科琳娜和樊尚在旧房子附近找到了一处新房子，女儿不用转学。接下来，樊尚换了一份新工作，他平时出差的次数更多，很多时候不在家住。最后，是艾丽斯祖母的身体出了些问题，动了一次手术，让艾丽斯很担心。总之，在艾丽斯眼中，周围很多事情都不一样了，而且变得更不稳定：母亲要照顾身体不好的弟弟，父亲经常不在家，全家搬进新房子——虽然有了个漂亮的房间，但是她觉得离父母的房间太远，而祖母也在住院。当然，一家人都在，更大的新家和父亲的新工作使生活水平提高了，但是对艾丽斯来说，这一切只造成了动荡不安。而且父亲除了有新工作要忙，在家里也有很多要干，要让新家更漂亮。科琳娜和樊尚都理解，艾丽斯周围环境中很多因素都变了。她的退化行为或许是正常的，但是要如何应对呢？

应对措施

▶要安慰，不要责骂

艾丽斯以自己的方式表达这些改变带来的惊慌，这是正常现象。她感到自己的情绪平衡受到威胁，安全感蓄水池被迅速排空。于是，她直接降落在“航空母舰”的甲板上：还有比晚上更好的时机来从中“受益”和重新蓄满水池吗？

当孩子生病或遭遇带来极端恐慌的外界环境时，也会出现这样的行为。把孩子与外界隔绝，可以屡次观察到这样的情况。

艾丽斯一定要在这些痛苦时刻得到不受评判的接纳。否定性的评价，诸如“为什么这么大的女孩子却表现得像个小宝宝”“你长大了，要给弟弟做好榜样”，只能向艾丽斯传达这样的信息——她在感到危险时不能依赖自己的“航空母舰”，只能独自找回情绪平衡。然而，这是她无法独自做到的，她需要父母的帮助。她虽然是长女，但也是个孩子。因此，科琳娜和樊尚可以允许她在几天之内稍微改变晚上的秩序规则。如果这样做不足以使她得到安慰，他们可以延长这个时间段，在房间里放一张应急床铺。

▶失控的表现

尿湿内裤的事情也需要遵循相同的进程。在家里发生巨大变化时，开学不啻火上浇油，严重破坏艾丽斯的安全感，使她陷入失控状态。这是一种在焦虑情况下经常出现的感受。她失去情绪控制力，也失去了对括约肌的控制，括约肌是控制膀胱的，现在却无法发挥作用了。所以，父母要知道，情绪的不安表现为括约肌的“不安”，责备只能使艾丽斯更加不安，加剧当前的状况。除了安慰，如果夜里出现类似状况，可以为艾丽斯准备一些纸尿裤，让她自己更换。这不是退步，父母要告诉她，他们不会因为这些事情而产生负面看法。如果现在已不再开展“宝贵时光”活动，可以重新采取这个措施，帮助艾丽斯度过这个艰难的过渡阶段。

■总结

孩子受制于周围环境，他们似乎没有什么办法影响环境。因此，他们有时候显得十分痛苦，这是正常的。看到他们的慌乱，大人无须过于担心。孩子太安静、太听话或许让人感到宽慰，但也意味着他拒绝分享自己的焦虑，周围的人需对此产生警觉。解读孩子的行为，这个任务并不轻松，它需要我们在精神上陪伴孩子，而现今的生活方式无法让我们始终有时间这样去做。然而，要时刻保持警惕，不能等到孩子发出严重信号后才对他们的成长予以关注。当孩子发出不安全感的信号时，面对孩子乍看上去令人费解的行为，要记住，要想找到恰当措施缓解他的焦虑，绝不能忘记冰山在水下的部分。

案例五

好孩子阿蒂尔
在父母的冲突中
茫然无助

社会发生巨变，束缚感和不安感包裹着我们，成年人的感受被生活现状搅得天翻地覆。在这样的时期，一如既往地履行父母的职责，是一场神圣的挑战。对儿童发展的认识，尤其是依恋理论，有力地支撑着父母度过这些人生阶段。

1. 父母因不和而分手

“事情很简单：我们在一起不再幸福，所以决定分开。”

20世纪90年代末，法国伴侣的分手数量大增，不管哪种结合方式都一样。20世纪末，大约有15万对伴侣分手，而近年来增长到每年26万对。如果进行更细致的观察，我们可以发现46%的婚姻以离婚告终。

教育理念产生分歧，伴随争吵，甚至以分手告终，这些现象困扰着当代家庭。如何在分手之后继续履行父母职责？孩子如何承受这些打乱日常生活的变故？他们怎样理解这些成年人带来的麻烦？[1]

阿蒂尔4岁半，哥哥马克西姆6岁，他们和父母组成了一个美好的家庭，生活看似非常幸福。但是渐渐地，家庭氛围越来越差，父母之间的分歧越来越多，这影响了家人的生活，破坏了家里的气氛。

阿蒂尔对此有明显的感觉，他一出生就生活在这样

1 Pascale Coton et Geneviève Roy, Cf Avis du CESE : « Les conséquences des séparations parentales sur les enfants », https://www.vie-publique.fr/sites/default/files/rapport/pdf/174000783.pdf.

的环境中，父母之间的交流就是无休无止的争吵。对于这些，他心里一直都明白。

玛丽和克里斯托夫都感到很疲惫，而且神经绷紧到极限，两人都无法继续忍受目前的状况。怎样摆脱这个让全家人痛苦不堪的局面？他们眼睁睁看着裂纹日渐加深，一切努力都归于失败，他们看到孩子们深受影响，劳燕分飞已经无法避免。

几年前，这对年轻人渴望组建一个家庭，迫不及待地迈入养育孩子的生活。虽然充满憧憬，但是成为父母之后，他们发现现实与梦想相距甚远。在他们的描述中，马克西姆总是很挑剔，而且其行为很难理解。他时不时地发脾气，导致这个刚刚成形的家庭的氛围日益恶化、十分紧绷，两人也频繁发生分歧，在马克西姆出生后的几个月内险些分手。孩子不停地哭闹，这让玛丽和克里斯托夫日渐疏远。此外，两人的教育理念也存在分歧，尽管努力协调，但是他们之间的不和导致如今天天发生冲突。过了几个月，两个人之间的对话火药味渐足，甚至在压力极大的时候出现了动手的情况。

这对夫妻的情况并不罕见。在马克西姆出生前，玛丽和克里斯托夫一起生活的时间并不长，他们不太了解对方，却觉得两人之间存在某种确认。他们认识的时候两人都30多岁了，很快就表达了想要孩子的共同愿望，这也像是存在某种确认。他们在工作和物质上都趋于稳定，组建家庭就成为当务之急。他们理念接近——快乐、分享、个人发展、和谐、尊重，他们还认为两人在儿童教育观念上想法差不多，这也是组建家庭的坚实基础。为了在各种理念之间实现平衡，他们很注意把所有理念贯通起来。但是，随着生活的不同阶段的展开，融合之术变得越来越难以为继。马克西姆的出生并不像他们期待的那样充满喜悦。

孩子的出生带来混乱，导致两人之间出现裂痕，养育孩子问题上存在的分歧引起越来越多的争吵。他们过去从未想到自己也会受到暴力行为的困扰。在他们看来，他们所在的社会经济阶层、所接受的以尊重和倾听等价值观为基础的教育，使他们远离了语言和身体上的暴力行为。然而，在感情用事的特殊情形下，随着生活方式的日渐混乱，他们出现越来越严重的情绪过激行为。此外，两个人在童年时代都经历过父母离异。两人的关系紧张时，早年的记忆便重新浮现。他们非常不希望自己的孩子和他们一样经历父母离婚这一痛苦阶段，但是现实还是走到了这一步。

家庭内部的暴力行为

如今，人们已经认识到，教育理念的分歧是导致家庭内部暴力行为的原因之一。[1]冲突的原因涉及很多方面——权威、生活的共同原则、礼节、食物、睡眠等。任何时候都可能产生争论，带来不和。互相交换看法变成互相指责和争吵，每个人都觉得自己是对的，对方是错的。对于父母之间始终不断的对抗，孩子都看在眼里。孩子充分发展所需要的安全感逐渐消失，只剩下支离破碎和动摇不定的心，恐惧在他心里扎下了根。向孩子解释清楚是很难的，尤其是在他觉得自己似乎是父母之间不停争吵的原因的情况下。性格不同，孩子表现不安全感的方式也不同：可能需求极高，马克西姆就是这样；也可能沉默安静，阿蒂尔就是这样。

虽然往往被人轻视甚至否认，但是父母争吵对孩子的影响大大超出想象。父母很容易认为孩子看不到或是年龄太小不明白。如今，其后果得到更多的展现——焦虑、抑郁、心理创伤等，这些心理障碍值得引起每个人的重视。

1 Karen Sadlier (dir), *Violences conjugales. Un défi pour la parentalité*, Dunod, 2015.

应对措施

▶成为父母是庄严的使命

成为父母，是一种美妙又复杂的经历，需要很多付出，它为父母开启了通往心理转变的道路。

两人在一起时间不长就迎来孩子的降生，共同生活的时间太短，使他们没有时间互相发现、展露自己容易或不容易相处的方方面面。从建立关系之初的互相确认，到随着时间的流逝暴露分歧，这是两个个体之间常有的事。学会处理冲突、能够互相支撑、懂得互相安慰、愿意互相求助，这些能力都在孩子出生后显现其重要性；新夫妻如果未能发掘这些能力，那么在从二人世界到三口之家的过渡期，在养育孩子的问题上，将面临更严峻的挑战。在照顾一个脆弱的小家伙的过程中发现彼此，成为某些夫妻无法跨越的挑战。

因为孩子的出生导致恋爱期“匆匆结束”，这类情况往往以分手告终。玛丽和克里斯托夫对儿子的出生感到欢欣鼓舞，但是对于内心的深刻变化以及要遭遇的紧张和冲突的现实，他们无法想象。马克西姆的不断索取让父母感到十分痛苦，导致情况更加恶化。这不是大惊小怪，要意识到，成为父母是一种庄严的使命：跨越养育子女的各种挑战是成为父母的第一步。

▶维持自己与伴侣之间的关系

发现彼此，永远不会太迟。孩子的到来可以成为体验夫妻共同生活的一个好机会，不过事情有点复杂，孩子哭闹不停，我们还要担心自己做不好父母，担心自己在对方眼中不够格，担心让对方失望……这需要更多的精力和关注。既要始终关注宝宝的需求，还要维持好自己与伴侣之间的关系。

玛丽和克里斯托夫是拿不出这么多精力的，这导致年轻伴侣之间出现裂痕。他们需要明白双方面临的挑战，形成宝贵的清醒认识，让两人不至于草率地评价对方，诸如“她变得一点儿也不关心我，一心只想做个好妈妈”“他不理解我的经历和感受。我需要他的时候，他要么不在，要么笨手笨脚”，否则会导致两人越来越无法理解对方直至分手。

在孩子到来的人生动荡期，夫妻要互相给予耐心、宽容、和气、温柔，以及互相亲昵，这些方式可以缓解令人疲惫的新情况引发的紧张气氛。

▶向外界求助

很多父母认为在这个时候向别人求助是一件丢脸的事。为人父母，被认为是“世界上最古老的职业”。他们觉得，自己搞不定这件事是没道理的。

玛丽和克里斯托夫一直都靠自己排忧解难。玛丽的母亲住得不远，但是她不知道如何帮助这对很有想法的夫妇。无论她说什么，他们都一概拒绝和敬而远之，这让她陷入迷茫：这对年轻人没有开口求助，她却要主动帮忙，而且要避免他们把她的建议当作责备。

成为父母，是一个复杂的学习成长过程，求助于养育儿童方面的专业人士是很有必要的。有研究表明，所谓“早期干预”是合理的，不能贻误接受指导的时机。在儿童发展方面的新认识[1]表明，儿童生命的最初时期对其未来具有决定性作用。因此，还等什么呢？

不能让自己继续孤立无援，独自面对日益顽固的困难，我们已经看到玛丽和克里斯托夫所受到的严重影响。

■总结

近年来，感情生活和人际关系呈现出一种全新的面貌。新家庭的建立导致新环境和新期望的出现。除了对优异表现的推崇，如今还出现了一种类似于消费主义的恋爱观，伴侣关系迅速建立又迅速解体。孩子经历的这些变化，对他们的成

1 «Rapport des 1000 premiers jours», ministère de la Solidarité et de la Santé, 2020.

长所造成的影响是无法否认的。所以，我们要学会享受时光：享受孤独的时光，享受恋爱的时光，享受共同生活的时光，享受渴望成为父母的时光，享受正在成为父母的时光，享受发现符合期待的孩子的时光，享受我们慢慢适应新世界的时光。

2. 第二个孩子也来了

阿蒂尔是个安静的孩子，他在乱哄哄的家里毫无存在感。哥哥出生不久，他就出生了，哥哥要求别人予以大量关注，而他性格沉静，是个好带的孩子，让玛丽和克里斯托夫感到做父母是美妙轻松的。玛丽深感幸运，她没想到第二个孩子这么快就到来了。她一直幻想拥有一个子女众多的大家庭，绝不愿意服药终止妊娠。阿蒂尔的出生和新的责任感把这对夫妇重新调动起来，他们把这个安静宝宝的到来视为一个让心境走向平和的新阶段。

▶在新的基础上重新开始？

玛丽和克里斯托夫很清楚，两人之间的关系很脆弱。意外的第二次怀孕在经过最初的慌乱后，使他们产生新的共同设想。他们很长时间都没有像这样目标一致了！在此之前，他们之间互相疏远，不再拥有共同的想法、目标和憧憬；这一次，他们重新开始一起思考。起什么名字？如何布置房间迎接这个宝宝？两人之间似乎又产生了默契，虽然这份默契很快就因为想法上的分歧而消退。

阿蒂尔出生了，小宝宝的出生让他们非常激动。小宝宝安静乖巧，非常可爱，这让夫妻关系——父母团队——趋于平稳。而马克西姆需要大量关注：要避免他发脾气，预料他的哭闹，努力哄他睡觉、吃饭，应付他在学校里的挑衅行为等。

虽然阿蒂尔出生了，但是两人的共同生活很快又趋于复杂化。暴力行为逐渐增多，孩子们困惑不解地看着大人们。玛丽和克里斯托夫就是这样，又怎能教育马克西姆不要哭闹、打人和骂人呢？他们尽量不在孩子面前争吵，但是情绪迸发是非常猛烈的，他们往往无法控制。离婚的威胁一直都在眼前，他们每天都向对方喊出这样的想法。孩子们在持续的威胁下、在大声争吵和家庭的撕裂破碎中渐渐长大。

幸好阿蒂尔还小，玛丽心想。他不会受这一切的影响。安静的阿蒂尔让她感到很舒服。爱抚和安慰阿蒂尔的时候，她终于感到自己是一个合格的妈妈了。他对着她笑，紧贴着她，这让她在哺乳的时候很愉快。在她心里，她和克里斯托夫之间的关系已经变得遥远而模糊，她的温情都是从阿蒂尔身上来的。克里斯托夫可以自己管好自己！而且克里斯托夫开始更多地照顾马克西姆。新的平衡建立起来，但非常脆弱，似乎两个人都不能依赖伴侣的力量和支持。他们觉得，如果两个人分开可能会更加平和。不过，他们还有些犹豫，虽然家庭生活总是起起伏伏，但是一想到作为父母的责任，还有在孩子身边度过的融洽时光，他们就打算先维持这脆弱的平衡。

应对措施

▶用简单易懂的话告诉孩子

在我们经历生活坎坷时，亲口对孩子解释是至关重要的！否则他们怎能理解所有这些造成不安的行为呢？

面对家庭生活中的持续威胁，孩子会产生恐惧感，他们的不稳定行为流露出内心的焦虑。这时候，要花一些时间用简单易懂的话和孩子解释正在发生的事情。玛丽和克里斯托夫可以一起与马克西姆和阿蒂尔谈话，告诉他们："爸爸和妈妈是非常相爱的，但是爸爸妈妈之间有时候会因想法不同而发生争吵，这可能让你们感到非常害怕。有时候，爸爸和妈妈说不想继续一起生活了，就像马克西姆在学校里最好的朋友雨果的爸爸妈妈那样。接下来，爸爸可能对妈妈说他要走了，妈妈也可能对爸爸说她想一个人带着马克西姆和阿蒂尔生活，这可能会让你们害怕，但是现在爸爸和妈妈还没有做出最后的决定。现在，所有人还在一个屋檐下生活。如果不得不改变，爸爸和妈妈会告诉你们的。”

玛丽和克里斯托夫要互相信任，找到合适的字眼对孩子们解释。孩子们听取父母的解释不受年龄限制。无论理解能力如何，孩子们都会感到玛丽和克里斯托夫两个人一起说的每个字都是关键而且重要的。这样做虽然不能让一切得到平息，尤其是在存在激烈争吵甚至肢体冲突的情况下，但是这会使孩子了解到，父母两人能够觉察孩子的不安全感并且在努力解决问题。

玛丽和克里斯托夫也可以使用一些视觉化素材。他们可以制作一个小相册，描绘家庭的建设历程：首先是父母两人的相识相恋，孩子的出生就是他们爱的证明；接着是玛丽的第一次怀孕，两个人的生活中随处可见的融洽默契，马克西姆的各种第一次；最后是阿蒂尔的出生。孩子们可以观看图片故事，发挥自己的能动性，形成更加连贯的、较少割裂的叙述。

▶重视孩子的痛苦

对玛丽和克里斯托夫来说，他们应该开口和别人交流。对夫妻之间的争吵闭口不谈只会导致冲突和威胁。玛丽最后决定寻求专业人士的帮助。克里斯托夫很想保持家庭完整，并设法理解自己过激情绪的来源，所以也决定接受指导。他有很多隐秘的极深的创伤，不想让玛丽知道。因此，他选择了一位专家，接受非常个人化的指导。这位专家可以根据每个人的需要，对个人或对夫妻两人进行指导。

无论采取哪种方式，大人都不应该忽视孩子的感受，他们是脆弱的，需要优先接受帮助。不过，因为孩子年龄尚小，所以可以先通过对家庭关系中父母关系进行调整，间接对他们提供帮助。同时关注大人和孩子当前的需求，这个任务绝不轻松。孩子对周围环境很敏感，期待父母了解他的需求，尤其是对补足在当前的情况下岌岌可危的情绪安全感的需求。父母在持续冲突的气氛中痛苦万分，和谐幸福的美梦变得遥不可及，他们渴望减轻自己的痛苦，然而由于孩子的缘故，父母不能优先考虑自己。

▶避免被表象误导

虽然阿蒂尔看起来很乖巧，但是玛丽和克里斯托夫不可以忘记，他也是个脆弱的孩子。他的安静沉默，可能使人认为不必为他担心，就像那些在课堂上或托儿所里被人遗忘和忽视的很少哭闹、醒来之后在床上安静地躺着的孩子一样。

小宝宝可以产生适应环境的强大调节能力。重要的是，玛丽和克里斯托夫要给予阿蒂尔持续关注和陪伴。玛丽就是这样做的，她投入很多时间培养自己和这个可爱宝宝之间的亲密关系，克里斯托夫不知道怎样走进阿蒂尔和玛丽两人的牢固关系中。说不清到底是玛丽给了阿蒂尔安全感，还是阿蒂尔分享的感情安慰了玛丽。克里斯托夫有时甚至感到阿蒂尔抛弃了他，只有妈妈在身边时阿蒂尔才安心。与马克西姆共度“宝贵时光”的经历，使他们打算也为阿蒂尔准备专享的时间，有时候是妈妈陪伴，有时候是爸爸陪伴。

三个人或四个人一起生活，要共同找到新的和谐点。这有点像平衡游戏，增加一个木块可能导致全盘坍塌。

■总结

父母的痛苦与孩子的不安之间展开拉锯战，虽然存在暂时的和缓，但是冲突始终不断，在暗处潜伏的深层不安感形成爆发式的混杂情绪，往往使我们对孩子的渴望视而不见。两个人结合组建成一个家庭，为我们提供一个良机，让我们感受到家庭纽带的重要性。它把我们团结在一起，也可能把我们的关系撕裂；它滋养我们，也可能毒害我们。维系家庭纽带成为我们人生的重要任务，我们要为它付出更多真心。创建家庭我们必须深情投入，这也证明了家庭关系在我们生命中的重要性。让我们学会维系家庭纽带，赋予自己生命力，在家人的眼中鲜活起来。孩子们在真诚地期待着我们。

3. 分手已无法挽回

尽管付出了各种努力，玛丽和克里斯托夫仍然无法找到平衡。他们对对方的期待完全落空，两人再也找不回从前的亲密感，反而越来越疏远。阿蒂尔出生后，他们在子女教育上的分歧日益严重。他们互相无法妥协，双方的观念不可调和，他们从未像现在这样针锋相对。内心的痛苦把美好的理想一扫而空，彼此对于对方的态度也深为不满。玛丽希望克里斯托夫给予更多的感情、亲近和支持，克里斯托夫从未想到母亲的职责对于玛丽来说占据如此重要的位置。

在日常生活中，家庭暴力冲突越来越常见，玛丽和克里斯托夫都无法忍受。他们在心理诊所的倾诉使他们认识到造成这种局面双方都有责任。最终的结论是：他们的生活态度无法调和。怀着遗憾、愧疚和负责任的心情，他们做出分手的决定。

大多数伴侣很难下这样的决心！他们已经通过个人的努力尽量避免这样的结果，然而这一切都没有用，两人的观念相去甚远，他们只好开启新的生活阶段。

▶为了孩子勉强在一起还是分开？

今天，儿童发展研究已经表明，周围的持续冲突会对孩子造成影响。需要明确的是，剧烈的冲突、语言暴力或肢体暴力的存在，比父母离婚危害更深，除非离婚的过程也充满暴力。[1]暴力行为造成的持续威胁，是儿童心理出现混乱的原因。孩子无法独自面对这个问题。如果大人不能为孩子提供安全环境，他就无法快乐成长、进行探索发现。然而，如果离婚本身成为冲突的根源，那么这个过程将持续对儿童造成损害。怎样才能在迷茫时期坚持下去呢？

应对措施

▶家庭第一，个人第二

马克西姆和阿蒂尔一直生活在冲突的环境中。这样的

1 Catherine Rabouam, « Divorce et attachement », *Enfance & Psy*, n°66, 2015, p. 54-69.

环境在他们眼中甚至成为常态，对他们的发展造成极深的伤害。[1]玛丽和克里斯托夫首先想到孩子。他们的互相伤害导致最终分手，不过在这个家庭变故的过渡时期，他们必须考虑作为父母的责任。终其一生都要共同履行作为父母的职责，这份共同责任意味着他们不能只考虑自己。这是一个在如今很难实现的复杂挑战。玛丽和克里斯托夫不是超级英雄，他们受限于自己的情感。然而，他们始终对孩子的感受保持警觉，这是他们的首要任务。当然，将来可能会出现意外情况，但是如果他们坚持不懈，最终在孩子的人生关键点上达成一致，那么马克西姆和阿蒂尔以后的岁月将会过得更加安稳、和谐。

▶关注孩子的感受

分手的决定远非玛丽和克里斯托夫的美好梦想，也不是有利于家庭的最佳选择。除了考虑两个孩子的感受，玛丽和克里斯托夫还要特别观察他们的行为表现。父母离异初期，孩子可能会有睡眠困难、学习时注意力不集中的情况，常常表现出逆反状态，出现人际关系退化现象。这些现象如果持久并日渐严重，可能需要心理医生等专业人士的介入。父母之间如果能消弭冲突，拥有不带评判和责备

1 Nicole Guédeney et al., « Violences conjugales et attachement des jeunes enfants. Une revue de la littérature », *Perspectives psy*, vol. 52, 2013, p. 222-230.

的分享倾听的机会，那么就算家庭重新组合，相互之间的纽带也会得以保留。

看到马克西姆出现越来越多的逆反和挑衅行为，玛丽决定带他去看心理医生。玛丽和克里斯托夫一定要认识到，虽然马克西姆拥有了一个中立的倾听场所，但并不意味着他们可以撒手不管。马克西姆需要的不单是心理治疗，在其成长过程中，父母仍然肩负着全部的责任。

■总结

养育或照顾孩子的人的身上肩负重大责任，我们为家庭成功度过过渡期而努力着，但梦想中的家庭最终还是没有走上设想的道路。社会发生巨变，束缚感和不安感包裹着我们，成年人的感受被生活现状搅得天翻地覆。在这样的时期，一如既往地履行父母的职责，对父母来说是一场神圣的挑战。对儿童发展的认识，尤其是依恋理论，有力地支撑着父母度过这些人生阶段。摆脱自责、担起责任，可以使我们发现新的方法，适应这个变化中的世界。

后记

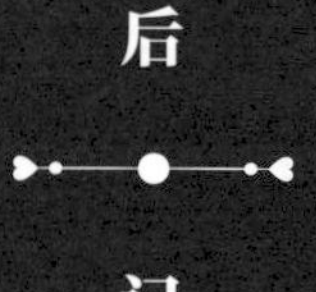

在本书中，我们和汤姆、卡皮西纳、埃利奥特、艾丽斯、阿蒂尔以及他们的家人一起分享了在初为父母时所遇到的一些问题。

他们的父母问了很多问题，迫切希望为孩子提供最优的教育和环境。他们因此而寻觅、尝试、踌躇，有时很担心自己误入歧途。他们往往担心受到别人的批评，内心充满自责，而且掺杂着无助和羞愧感。

成为父母的确是一段美妙的经历，但是在我们生活的现代社会，这也是一场挑战。在当今社会，价值观和环境都发生了变化，家庭的定义不再符合传统观念，然而新的家庭模式似乎尚未稳固，并且受到当今世界流行趋势的影响。

我希望通过这些孩子的经历和这些父母的问题，和你分享其中的关键要素，能够引导你走上这条与孩子友好相处以及正确教育孩子的道路。

在这段我们一起度过的愉快时间即将结束之时，我只想对你说：

孩子的成长、探索世界和自我觉醒都需要我们的参与。

我们的成长以及对更美好的内心世界的发现，也需要孩子的参与。

孩子需要我们的鼓励、保护，需要我们给予的情绪安全感，他们会在此基础上形成对世界、对他人和对自己的看法。

我们需要负责、认真地关注他们，悉心呵护他们脆弱的生命。

孩子需要我们的表扬和支持，用以战胜自己的恐惧，发现自身隐藏的财富，这个世界上绝不缺少这样的财富。

在这条履行父母职责的道路上，我们要培养对自己和孩子的信任，彼此相伴而行，发现潜藏的内在能力。

孩子需要我们花费时间去陪伴和了解，反过来他会为我们提供新的视角，供我们审视自我，发现自身的财富。

图书在版编目（CIP）数据

童年的安全依恋 /（法）安妮・雷诺・波斯特尔著；张之简译 . —上海：上海三联书店，2023.1
ISBN 978-7-5426-7808-9

I. ①童… Ⅱ . ①安… ②张… . Ⅲ . ①儿童教育－家庭教育 Ⅳ . ① G782

中国版本图书馆 CIP 数据核字 (2022) 第 147767 号

© Hachette Livre (Marabout), Vanves, 2021
Simplified Edition arranged through Dakai - L'Agence
著作权合同登记　图字：09-2022-0486

童年的安全依恋

著　　者　[法] 安妮・雷诺・波斯特尔
译　　者　张之简
总 策 划　李　娟
策划编辑　张碧英
责任编辑　杜　鹃　徐心童
营销编辑　张　妍
装帧设计　潘振宇
封面插画　芊　祎
监　　制　姚　军
责任校对　王凌霄
出版发行　上海三联书店
（200030）中国上海市漕溪北路331号A座6楼
邮　　箱　sdxsanlian@sina.com
邮购电话　021-22895540
印　　刷　河北鹏润印刷有限公司
版　　次　2023年1月第1版
印　　次　2023年1月第1次印刷
开　　本　787mm × 1092mm　1/32
字　　数　114千字
印　　张　6.75
书　　号　ISBN 978-7-5426-7808-9/G・1647
定　　价　49.00元

敬启读者，如发现本书有印装质量问题，请与印刷厂联系 18911886509

猴面包树

人啊，认识你自己！